Dieses Schiff gehört uns, und meine Kindheit
ist noch nicht zu Ende.

Saint-John Perse

Für meine Frau Manuela, meinen Bruder Hubert, meinen Sohn Moritz, meine Tochter Laura und für Irmgard, meine Mutter.

Ich spreche in aller Offenheit über das Bein Onkel Alfreds. Es ist das meistgewickelte Bein der Welt.

Wenn mich während meiner Kindheit überhaupt irgend etwas für längere Zeit zu Mitgefühl bewog, so war es dieses Bein. Onkel Alfred ist der einzige Mensch, von dem ich mit Sicherheit weiß, daß er wegen eines Beines nie geschlafen hat – ein redseliger Yogi im Labyrinth des Schmerzes. Er sagt ohne Fragezeichen: Wann kommst'n mal wieder zum Skat.

Onkel Alfreds Laster sind die rauschgefüllten Gläser. An Sonntagen zieht er dafür das Bein nach – durch die ganze Stadt bis Zum Wieden, dem einzig geöffneten Wallfahrtsort der Trinker. Nachts hinkt er zurück – den Kirchberg hinunter, die Brüderstraße entlang, wo die Leute aus den Häusern lehnen und mit den Köpfen wackeln, über die Brücke des großen Stromes Auma, der hundert Meter weiter in den großen Strom Weida mündet ...

Manchmal hat er es nicht bis ins Bett geschafft. Wozu auch.

Das Bein Onkel Alfreds ist die eine Seite – das Klagen Tante Elses über die blutigen Unterhemden Onkel Jorgs die andere.

Onkel Jorg schlachtete auf einem Schlachthof, der mächtiger war als alle Schlachthöfe von Chicago zusammengenommen, zwischen Gleisen und Müllhalden von den Arbeitssklaven der Unordnung errichtet. Todesbrüllen drang aus Tausenden Viehwaggons und hing schrecklich über der tristesten Stadt der Welt. Im Morgengrauen begann das große Schlachten. Riesige Herden von fetten Schweinen und dreckigen Rindern trieb Onkel Jorg aus den Waggons, die dermaßen nach Exkrementen stanken, daß man sich ihnen nur mit dem Wind nähern durfte, weil man ansonsten das Gedächtnis verloren hätte. Man muß nicht erwähnen, daß Onkel Jorg darauf keine Rücksicht nehmen konnte – Onkel Jorg war ein Meister aus Deutschland.

Am Abend, nach vollbrachtem Tagwerk, watete er, bis zu den Hüften in Gedärm, dem Schlachthofausgang zu. Der Wächter musterte die abscheulichen Blähungen an Bauch und Rücken des Onkels, ließ ihn passieren und stieß in schnarrigem Mitwisserton »Bis Morgen« hervor.

Onkel Jorg erklomm instinktiv den größten Müllberg, breitete die Arme aus, sprang und rollte – rollte mit dem Kopf gegen all das Weggeworfene, erlangte so sein Gedächtnis wieder und suchte Tante Else auf. Die drückte ihm ihre dicken Zeigefinger in die abnormen Formen und keifte: »Na, haste wieder geklaut?«

Natürlich hatte er wieder geklaut, jedoch nur, um zu sehen, wo man bleibt, was er ohne weiteres zugab: »Man muß doch sehen, wo man bleibt.« Er zog seine Jacke aus; riß das Hemd nach oben. Sein Unterhemd bot einen furchterregenden Anblick: Vollkommen durchsuppt überspannte es rohes, geklautes Fleisch, worauf Tante Else die große Klage anstimmte. Es war die Klage einer Wäscherin, die niemals fertig wird.

Onkel Jorg, daran gewöhnt, ließ das Fleisch in einen braunen Bottich klatschen, legte sich schlafen und träumte von frischem Fleisch. So ging es Jahrzehnte.

Er war ein angesehener Mann – angesehener als Onkel Alfred, von dem nur Eingeweihte wissen, daß er während des Krieges mit Maden im Bein im Lazarett in Polen lag.

Onkel Kurt trug zu Anlässen wie Silberhochzeit einen Silberstreifenanzug mit Weste und sehr weiten Hosen, die seine Beine weltmännisch umwedelten. Sein braunes, feucht nach hinten gekämmtes Haar schlief unter einem Krempenhut. Er rauchte wie ein Schlot. Zu Hause unterhielt er sich dabei, aus dem Flurfenster gelehnt, mit seinem dreißig Meter entfernt rauchenden Nachbarn.

Onkel Kurt beherrschte als einziger in der Verwandtschaft, sowohl mütterlicher- als auch väterlicherseits, ein Musikinstrument. Er beherrschte die Ziehharmonika. Als die Runde noch einen Groschen kostete, spielte er samstags, zusammen mit einem Trommler, in den schlesischen Sälen zum Tanz auf. Kassiert wurde vorher.

Er mußte jung in den Krieg und erfror sich beim Rußlandfeldzug die Füße. Aus Kriegsgefangenschaft zurück, verdiente er sein Geld als Tischler und erwiderte auf Anfragen hin, ob er zum Gartenfest spielen würde: »Ich bin Feuerschlucker.«

Als alter Mann büßte er an der Kreissäge einen Finger der rechten Hand ganz und einen weiteren halb ein. Wie es hieß, verkroch er sich manchmal auf den Dachboden und drückte die Bässe.

Meine Mutter hinterließ den Klang ihrer Stimme auf der Magnetbandkassette jener Maschine, die umgangssprachlich Anrufbeantworter genannt wird, mit folgenden Worten: »Stephan, ich wollte nur sagen, daß der Onkel Kurt gestorben ist. Tschüs.« Als ich sie, wie man sagt, zurückrief, fragte ich natürlich nach Tante Hilde. »Die hat sich die Knochen gebrochen und liegt im Krankenhaus. Die ist die Kellertreppe runtergefallen auf ihr künstliches Hüftgelenk.«

Tante Hilde und Onkel Kurt wohnten bei Rohleders auf dem Schenkenberg. Wenn man am Gartentor klingelte, war kurz darauf aus dem Haus hinter den Silbertannen ein kreischendes »Ja?« zu hören. Man mußte seinen Namen rufen und wurde nach etwa einer Minute Tante Hildes gewahr, wie sie mit kleinen, schnellen Schritten schlüsselklappernd den Gartenweg entlanghastete. Zehn Längen vor dem Ziel rief sie: »Na?« Es war günstig, ebenfalls »Na?« zu rufen, denn dann lächelte sie auf den letzten Metern, wenn auch mit den Jahren immer gequälter. Onkel Kurt schien Schuld daran getragen zu haben, denn hielt er sich in ihrer Reichweite auf, wurde sie übellaunig. Plötzlich begann sie jene Sitzgelegenheit zu reinigen, auf der es sich Onkel Kurt gerade bequem machen wollte, und schimpfte: »Du altes Schwein, hau ab!«

Bei schönem Wetter trollte er sich in den Großen Garten, einen heiligen Ort. Hier allerdings durfte er mit Tante Hilde rechnen, die die Erträge gnadenlos hochtrieb, um auf dem Markt, vielleicht als Rheuma-ausgleich, gut dazustehn.

Es würde mich nicht geben, wenn die Stachelbeere, die Vater zur Hochzeitsfeier mit Mutter in jenem Garten hochgeworfen und mit dem Mund gefangen hatte, in einer seiner Bronchien verblieben wäre. Onkel Alfred und Onkel Kurt stülpten ihn um – die Beere fiel heraus wie Schneewittchens Apfelbissen.

Einige Sommer später quetschte sich Onkel Alfred acht von zehn Fingern in einem Liegestuhl. Er hatte beide Hände zwischen dem Gestänge, die Halterung rastete aus – schmerzlich spürte der Onkel infolge des Hebelgesetzes sein mehrfaches Körpergewicht, wozu man die Schmerzen, welche Onkel Alfreds offenes Bein verursachte, noch addieren muß. Er glotzte hilfe-suchend in die Runde und konnte nichts sagen. Sein Gesicht sah sehr komisch aus – etwas süßlich, mit ge-weiteten Augen. Alle lachten über die Darbietung, bis Tante Lotte begriff, was dahintersteckte.

Wiederum einige Sommer später, ich war fünf und nackt in der alten Zinkbadewanne im Garten, da schwoll mein Glied. Ich stattete der Kaffeetafel einen Besuch ab. Meine Mutter verstellte den Verwandten den Blick auf meine Pracht. Sie war so schamhaft, daß sie selbst den Namen eines Berges in Weida niemals aussprach. Auf dem Berg hatte ein Mann namens Ficker seine Gärtnerei. So war der Berg nach ihm be-nannt: Fickers Berg.

Das Schönste wurde in der Verwandtschaft mütter-licherseits stiefmütterlich behandelt. Tante Hilde, Tante Lotte und meine Mutter, die in siebenjährigem

Abstand geborenen Schwestern, äußerten sich eher abfällig über das Reich der Sinne: »Eine Sauerei.« Onkel Jorg stand dem Fleisch zur Seite, und über Onkel Erich war diesbezüglich nur herauszukriegen: »Der hatte Chancen.« Vielleicht war er der zärtlich Liebende, dessen Hände Dunkelheit aus der Seele streicheln konnten, vielleicht hat er seinem Engel die Winteraugen geküßt. Er fiel im Krieg und stand nicht mehr auf. Als mir Onkel Alfred vom Selbstmord eines seiner früheren Arbeitsdienstgefährten erzählte, behauptete Tante Lotte bitter: »Wegen Liebe bringt sich niemand um.« Ich versuchte das Thema zu wechseln und fragte, ob das Töchterchen denn immer noch etwas füllig sei. Tante Lotte log: »Die ist doch gar nicht so fett.«

So ging es hin und her, wie es in Weida hin und her ging zwischen den Gärten im Sommer, denn Tante Hilde und Onkel Kurt hatten zwar den größten, jedoch nicht den einzigen. Onkel Jorg drohte damit, seinen zu verseuchen, weil ihn ein früherer Besitzer vertreiben will. Onkel Alfred fiel neulich in seinem vom Birnbaum. Der heilige Garten ist verwaist.

Als mein Vater noch lebte, konnte man von der hinteren Zaunreihe des elterlichen Gartens einige Latten abnehmen, so daß ein Durchstieg zu den toten Nachbarn entstand. Der Friedhofsverwalter hatte es unter der Hand genehmigt. Man schob sich durch den Zaun ins Jenseits hinter einen Grabstein, ging um die Hecke, machte einen großen Schritt, stand auf regulärem Gelände und erreichte um zwei Hecken, auf kürzerem Wege als alle anderen Überlebenden, das Familiengrab – ein Privileg, welches jeder Besuch würdigte, nicht zuletzt Onkel Alfred, der jedoch immer etwas süßlich

dreinblickte, wenn er den unteren Querbalken überwinden mußte. Bis ins Krankenhaus zu seiner Schwä-
gerin, Tante Hilde, hingegen, mußte er vom Hermsen-
berg absteigen und durch die halbe Stadt.

Irmgard lernte bei Adlers Friseuse. Die Teichwitzer Oma, die Irmgards Schwiegermutter erst werden sollte, kam einmal pro Woche nach Weida zu Adlers und ließ sich von Irmgard frisieren. Sie plauderten über dies und das, natürlich auch über Georg, dessen erste Heirat gerade ins Haus stand. Über diese Verbindung ergab es sich, daß Irmgard Georgs erster Frau zur Hochzeit den Schleier steckte. So kam es, daß Irmgard auf dem laufenden blieb, was sowohl den Niedergang als auch die Scheidung der jungen Ehe betraf. Sicher hörte sie ganz verständnisvoll zu, nickte an den passenden Stellen und half mit einem Satz aus, wenn sich Oma übers Becken beugte. Bestimmt hat Oma zu Georg gesagt: »Das wär' doch 'ne Frau für dich.«

Georg holte Oma vom Salon ab, ging in das gleiche Lokal essen, in dem auch Irmgard während der Mittagspausen zu speisen pflegte. Eines Abends stand Georg gegenüber von Adlers und wartete, um Irmgard nach Hause ins Eisenbahnerhaus zu begleiten. Bald lud er sie zum Tanz in die Turnhalle ein. Sie roch den Uranstaub aus seinen Poren und sagte: »Hören Sie doch bei der Wismut auf.«

Eine Woche später, nachdem sie so zusammen waren, daß es für Oma Gültigkeit hatte, schickte sie Irmgard Georgs dreckige Hemden mit.

Die Erinnerung wendet sich zur Mozartstraße auf dem Schreberberg im Schüsselrand der Stadt, zum Haus mit dem niedrigen Lattentor vor der Steigung zum Platz, an der man vom Rad steigen mußte. Dieses Stück hinunter zu rennen konnte ich in meinen Träumen nie schaffen. Ich rannte zwar mit großer Anstrengung, kam dem Tor aber nicht näher.

Vor meiner Geburt wohnte die Familie in einer Dachstube auf dem Schloßberg. Georg ging jeden Morgen, außer sonntags, aus dem Haus, und Irmgard holte ihn am Nachmittag mit Hubert im Kinderwagen von Dixens Fabriktor ab. Sie hatte die Vormittage beim Fleischer, beim Bäcker, im Milchgeschäft, bei Elssens angestanden, Hubert gebadet, jeden Eimer Wasser vom Hof geholt, gewischt und gekocht. Georg legte Wert auf einen ordentlichen Haushalt. Wenn er aus Dixens Dreck nach Hause kam, achtete er peinlich auf saubere Fingernägel. Nach Feierabend blieben sie entweder gemütlich zu Hause oder besuchten Rosemanns, Irmgards Eltern im Eisenbahnerhaus hinter dem rostigen Viadukt. Lotte und Hilde gingen ein und aus. Man hatte sich nach der Flucht in Weida wiedergefunden und lebte auf. Hubert machte als kleinster Sproß die Runde von Arm zu Arm, und Irmgard machte allen die Haare. Abends schob Georg mit seiner Frau am Arm den Kinderwagen Weidas Schloßberg hinauf.

Als er bei Dixens aufgehört hatte und zur Wismut gegangen war, spürte Irmgard, daß sie wieder schwanger war, und weinte. Sie wollte nicht noch ein Kind. Seit sie wußte, daß sie bei Hubert eine Rachitis fast übersehen hatte, machte sie sich Vorwürfe. Die Familie zog in die Mozartstraße zu Pätzens, und Irmgard häkelte in der neuen Wohnung während der langen Nachtschichtabende eine Kinderwagendecke. Die wurde der Schmuck des gebrauchten Gefährts. Wenn Vater Mittelschicht hatte, nahm er mich nach dem Baden hoch und rief: »Scheißerle!«

Oft war Mutter allein mit Hubert und mir. »Ich hatte ja nur immer Angst, daß ich ja alles richtig mach'«, sagte sie später. Ein halbes Jahr nach meiner Geburt fragte Hubert: »Mutti, du hast mich wohl gar nicht mehr lieb?« Sie nahm ihn in die Arme und antwortete: »Das Baby kann noch nicht sagen, wenn ihm etwas weh tut.«

Als ich drei Jahre alt war, wollte Mutter halbtags mitverdienen, fand aber unter dieser Bedingung als Friseuse keine Stelle. Sie ging auf die Post und trat sich mit der Tasche am Hals jede Woche zweiundvierzig Kilometer die Füße breit. »Wir müssen gehn.« – »Mutti, holst du mich auch wieder ab«, fragte ich an ihrer rechten Wintermorgenhand. Die Bäume des Gäßner, Gefährten im Licht, reckten mir begeistert ihre Äste entgegen. »Halt dich fest«, den steilen Pfad hinunter auf den Papiermühlenweg – an beiden Mietskasernen der Papiermühle vorbei, jenen dreckiggelben Wächtern am Stadtrand – »Mutti, holst du mich auch wieder ab?« – Hubert von der linken schimpfte: »Sei ruhig, ärger die Mutti nicht!« –, über die Holzbrücke des Mühlgrabens in die Straße zum Kindergarten, durch das Eisentor die Treppe hinauf, wo ich die Frage unter Tränen stellte, während Mutter die Treppe hinunter heulte.

Ich saß auf der niedrigen Bank unter den Garderobenhaken und versuchte Frau Weckerle zu erklären, daß es unsinnig sei, den Mantel erst auszuziehen, weil mich meine Mutti gleich wieder abholen würde. Schwarz war die Wand im Jungenklo, niedrig die Mittagsschlafpritschen, daneben Frau Weckerle wachte. Ich rannte Hubert hinterher, doch seine Beine waren drei Jahre länger als meine. Aus heiterem Himmel bekam ich hohes Fieber. Doktor Engel diagnostizierte: »Er macht mir den Eindruck eines Magenkranken.« – »Entweder wir haben Kinder, oder wir haben keine«, Vater traf die Entscheidung, obwohl Mutter das Geld deshalb mitverdienen wollte, damit Georg nicht mehr sagen konnte: »Es reicht nicht«, wenn sie ihm in den Ohren lag: »Geh doch wieder zu Dixens.«

Fortan blieb sie zu Hause und sorgte für ihren Vierpersonenhaushalt. Schnell kam ich wieder auf die Beine und spielte Kaufmannsladen. Die stillen, warmen Vormittage in der Küche, wenn Schnee fiel und der Schornsteinfeger klopfte, gaukeln als Versprechen durch die Unwirtlichkeit.

»Rein oder raus!«

Drinnen war Mutter, draußen lebten die Nachbarskinder, Hahn und Henne. Der alte Hahn hielt Hühner und konnte deren Hinrichtung nicht verbergen. Bei Vollmond flatterten die geköpften Hennen vom Hackstock auf und durch den Hof, kein Gackern mehr, nur Flügelschlag.

Draußen lebte das gestürzte Mädchen, lehnte ihr Herrenfahrrad an Dingers Zaun, striffelte die kurze Hose zur Seite und zeigte mir ihre vollkommen blaue Möse, die erste Möse, die ich zu Gesicht bekam, und schwieg. Ich war schon weit geflogen, vom Fahrrad auf den zementenen Deckel von Pätzens Jauchegrube – doch ihre Stelle war so fremd, daß ich den Schmerz nicht nachvollziehen konnte. Endlich ließ sie die Hose los und piepste: »Ganz blau.«

Auch Arndt Haase, Sohn eines passionierten Zigarrenrauchers und einer Mutter mit fünf Kindern, lebte draußen. Wegen seiner blonden Haare konnte man Arndt Hase schon von weitem erkennen. Ein besonderer Umstand begünstigte mein Vertrauen zu ihm: Er war fünf Tage jünger als ich.

Draußen auf dem Steinbruch wucherten die Fliederbüsche. Almuth stand zwischen den Blüten und hatte ihr leichtes Hemd hochgezogen: »Willst du mal ranfassen?« Sie lächelte dazu. Ich war zu feige – was auch immer. »Fischer, wie tief ist das Wasser?«

Heidi, die ältere Schwester des blauen Mädchens, durfte nicht raus. Sie ging im Garten zwischen den Wäscheleinen einher und ließ sich vom Handtuch das Gesicht streicheln. Versunken drehte sie sich wieder um, wenn es ihr nach zwei Schritten vom Kopf glitt. Manchmal kam Heidi ganz aufgebracht zum Gartentor und schimpfte einen Satz, den man nicht verstehen konnte. Dabei bewegte sie die Mundwinkel mehr, als es sonst auf dem Schreberberg üblich war. Auch knickte sie ihre Armgelenke anders, wie gebrochene Schwingen oder ausgekugelt. Dann, plötzlich, drehte sie sich um und ging zurück zu den Leinen eine Terrasse höher, durch den Hohlweg, behangen mit Fetter Henne.

Vater ließ sich auf seiner MZ, umgangssprachlich Karre genannt, zur Mozartstraße Nummer fünfzehn hinunterrollen. Sanft quietschten die Bremsen seine Ankunft ein. Vater stieg ab, hievte die Karre auf ihren Ständer, zog sich die Stulpenhandschuhe aus, legte sie auf den Motorradsitz, nahm den halbeiigen Helm vom Kopf und sagte lächelnd: »Tach.«

Ich erinnere nicht, daß es in Weida eine weitere Karre gab, die vier Personen Platz bot. Ich saß vor Vater auf dem Tank, Mutter auf dem Sozius und Hubert zwischen beiden. Als uns die Polizei das erste Mal anhielt, weil es Pflicht war, daß alle auf dem Motorrad mitgenommenen Füße auf Tritten stehen, meine aber in der Luft baumelten, ging der Kerl in Uniform langsam um das tuckernde Verkehrsmittel, wies erst auf meinen rechten und nach einem weiteren Halbkreis auf meinen linken Schuh. Vater wußte, was Sache ist, und versuchte die Aufmerksamkeit auf Huberts Stützen zu lenken und darauf, daß wir alle Brillen trugen. Gleichzeitig versprach er mit betont glaubwürdiger Miene, daß er für das Fehlende noch am gleichen Abend Sorge tragen werde. Wir brauchten nicht erst abzusteigen und durften, ohne Strafe zahlen zu müssen, weiterfahren, was Mutter einigermaßen erleichterte. Bei der nächsten Gelegenheit, als wir wieder vom Ordnungshüter gestoppt wurden, zeigte Vater ganz leger auf meine fingergroßen

Fußrasten, die man nur erkennen konnte, wenn ich meine Füße hob.

Als wir das dritte Mal mit der Polizei zu tun hatten, reichte ich mühelos auf die Soziusrasten, die herunterzuklappen Gefühle auslöste, als würde man sein Pferd zur Jagd satteln. In der Haarnadelkurve vor dem ersten Tunnel auf der Strecke von Gera nach Weida, welche mit dreizehn Kilometern zu reichlich bemessen wäre, stand eine rote Kelle und gebot uns Einhalt. Vater sagte kein Wort, der an der Kelle schwieg. Es war eine drückende Atmosphäre, wie sie zustande kommt, wenn fremde Leute einen zur Beichte bewegen wollen. Vater machte den Anfang und fragte scheinheilig: »War ich zu schnell?« – »Das kostet Sie zehn Mark«, gab der Fremde zurück. Wenige Kilometer weiter rief Vater nach hinten: »Das mit den zehn Mark erzähln wir nicht der Mutti.«

Der steinerne Hausflur in der Mozartstraße hatte fünf Türen und eine Treppe mit Pfosten, an welchem Frau Pätz lehnte und Mutter Bewunderung dafür zollte, wie sie das alles nur schafft, die Kinder, die Wohnung, den Mann. Mutter fiel der Hauswirtin nicht ins Wort, obwohl sie Grund genug dazu gehabt hätte, denn Pätzens Katze, Muschi, schiß wiederholt ins Ehebett, worin Hubert und ich hinter der Tür gegenüber der Treppe zu schlafen hatten. Das Fenster im Erdgeschoß ließ Mutter nach dem Bettenmachen zum Lüften geöffnet – so war es Muschi ein leichtes, ihren Mittagsschiß in die Federn zu drücken. Eines Tages, als Mutter wieder stillstehn mußte, weil Frau Pätz quatschen wollte, hörte sie das verhaßte Rascheln aus dem Schlafzimmer. Frau Pätz stutzte zwar, als Mutter kurz gegen die Türe trat, doch fuhr sie gleich in ihrem Psalm fort, so daß Mutter eine Unruhe ergriff, die man mit den Martern des Fegefeuers vergleichen kann. Sie hatte Glück, der Tritt saß. »Ich muß nur mal schnell das Fenster zumachen.« – »Eine fleißige Frau«, gluckste Frau Pätz gedankenverloren zum ersten Stock hinauf.

Am Freitag nachmittag mußte sich Mutter mit dem ganzen Gelumpe den Schreberberg hochschinden, in jeder Hand eine Einkaufstasche und einen Einkaufsbeutel. Diese Schwerstarbeit fand wenig bis gar kein Interesse im Kreis der Familie. Deshalb stellte sich Mutter in ihren Geschichten auf die Seite der Opfer, mit denen man alles machen kann. Empört erzählte sie beim Essen: »Ich habe geschlagene zwei Stunden beim Fleischer gestanden.« Der Fleischer war ein gekachelter Raum, zu klein für die Schlange, deren »S« von der Ladentür abgehackt wurde, deren »l« sich hinter dem beschlagenen Schaufenster verlor. Man wurde nach Eintreten in den Fleischer für einen Moment etwas Besseres.

»Ich war gerade drin, da rotzt ein alter Kerl auf den Fußboden.« Überliefert ist außerdem, daß es sich um Steinfußboden handelte, die Aule dort liegenblieb, alle Wartenden ständig hinsehen mußten und Mutter sich fast übergeben hätte. Vater sagte ruhig: »So was juckt mich gar nicht. Mir kannst du auf den Tisch kacken, da stell' ich meinen Teller drauf, damit er warm bleibt.« – »Das soll wohl schön sein?«

Mutter konnte entweder aus dem Norden oder aus dem Süden von der Stadt nach Hause zurückkehren. Sie kam aus dem Süden, wenn sie zum Beispiel nachmittags in die Drogerie mußte, weil der Weg aus dem Norden ein Umweg gewesen wäre. Vormittags war es keiner – der Lukas-Bäcker und die Milch-Gretel waren kürzer über die Nordwand des Schreberberges zu erreichen. Am Fuße der Südsteigung gähnte der Schlund des Schutts, vor dem wetterweise ein Schlamm-oder Staubplatz zur Abkürzung des rechten Straßenwinkels einlud. Folgendes muß man sich vorstellen: Die bepackte Mutter überquert den staubigen Platz. Süßlich riecht der Schutt im Sommer. Plötzlich hört sie ein lautes Summen, bleibt wie angewurzelt stehen, schaut nach oben und erstarrt unter einem Bienenschwarm. Bleich kam sie heim und stöhnte: »Wenn die sich auf mich gesetzt hätten, wär' Schluß gewesen.«

Sie beklagte sich bei ihrem Mann darüber, daß er andere auf dem Schreberberg ansässige Weiber öfter auf dem Motorrad mit hinaufnehme als seine eigene Frau, was von innen betrachtet zwar wie ein Unrecht aussieht, aber keines gewesen ist, da der Zufall – ohne Ausnahme – die anderen Weiber schickte.

Hätte ich auf dem Wieden gewohnt, wäre ich wahrscheinlich ordentliches Mitglied der Wiedenbande geworden. Dann hätte ich aber auch danebenstehen müssen, wenn die Wiedenbande einen Burschen für fünf Stunden an das Steinornament der Wiedenkirche fesselt, denn das, so ging die Legende, hatten sie bei eisiger Kälte getan. Fünf Stunden im Winter an die Wiedenkirche gefesselt zu sein – wer möchte das schon.

Die Wiedenkirche war Treffpunkt der Wiedenbande. Von dort aus streunten sie bis zum Steinbruch hinter Morgners Wald. Beim Versteckspiel zogen wir selbst die Grenze des Wiedenbandenreviers: einen halben Wald vor dem Steinbruch. Auf dem Schreberberg nannten wir uns manchmal Schreberbergbande. Im Ernstfall hätten wir weder schlagende Beweise noch einen Hauptmann gehabt. Reiner Hahn, ein Jahr älter als Hubert, hätte das Amt übernehmen können, doch der zeigte wenig Interesse. Womöglich hatte er selbst Schiß.

Eines späten Sommernachmittags wartete ich auf Hubert. Er war mit Reiner stromern gegangen und hätte schon längst zurück sein müssen. In meiner Langeweile kam mir der Gedanke, daß ihm etwas passiert sein könnte. Mutter würde sagen: »Ich habe mir Sorgen gemacht.« Ich ging ihn also suchen. Mein Instinkt schickte mich zum Steinbruch, den Feldweg am Transformatorenhäuschen vorbei, unterhalb des Waldes.

Vor dem Steinbruch lagen herausgesprengte Stücke, groß wie Findlinge. In der Wand hatten sie ihr Negativ hinterlassen. Dadurch waren Ebenen entstanden, auf denen man klettern konnte. Fast ganz oben saßen Reiner und Hubert auf ihren Lederhosen, die Hände auf dem Rücken. Das stank nach Wiedenbande, obwohl weit und breit niemand zu sehen war.

So schnell ich konnte, rannte ich in die Mozartstraße zurück und sagte Mutter Bescheid: »Hubert und Reiner sitzen gefesselt auf dem Steinbruch!« Mutter folgte mir sofort, das heißt in Kittelschürze. Mit großen Schritten lief sie die letzten hundert Meter. Am Steinbruch rief sie außer Atem: »Kommt da runter!« Sie konnten nicht runter, sie mußten hoch zum Waldrand klettern. Dort nämlich waren sie von der Wiedenbande gestellt und eine Etage tiefer arretiert worden. Sie standen auf, und siehe da, sie waren gar nicht gefesselt. Sie hatten die Hände nur auf den Rücken gehalten.

Am Transformatorenhäuschen fragte Mutter: »Warum seid ihr denn nicht weggerannt.« Reiner oder Hubert antwortete: »Das war die Wiedenbande.« – »Da war doch weit und breit niemand zu sehen.« – »Der Hauptmann hat gesagt, wir sollen sitzen bleiben.« – »Mit Hände auf dem Rücken?« wollte ich beim Abendbrot wissen. Hubert konterte mit einer Breitseite Logik: »Denkst du, wir hätten sie sonst auf den Rücken getan?«

So groß war die Macht der Wiedenbande – oder ihrer Legende?

In der Gegend verfügte nicht nur Weida über einen klingenden Eigennamen mit »W«. Ein Nest in Richtung Süden, zum Beispiel, hieß Weltwitz, und die nächste Ansiedlung nordwestwärts hatten die dortigen Ahnen Wünschendorf genannt. »In Wünschendorf kann man sich was wünschen.« Dem Ort an der Weißen Elster ging der Kindermund voraus. Man hätte sich von der Brücke bei Bankwitzens in die Auma werfen können und wäre ganz gemächlich nach Wünschendorf getrieben, denn die Weida mündet in die Weiße Elster.

Vor dem Wehr lag malerisch die Gondelstation, ein Gartenlokal mit Flußblick und Rauschen. Auf der Wiese standen schwere Klappstühle, Eisengestänge mit angeschraubten Brettern, deren Lack schon abgeplatzt war. Mehr als einen Stuhl von der Sorte konnte man nicht tragen. Die Eisen kratzten aneinander, wenn man ihn öffnete. Unsere Familie stieg in Wünschendorf nach und nach von der Karre – erst Mutter, dann Hubert, dann hob mich Vater herunter. Er stieg als letzter ab und fragte: »Wollen wir erst einkehren oder danach«, was soviel bedeutete wie: sofort Waldmeisterfaßbrause oder erst in drei Stunden, falls wir von der Gondelfahrt zurückkehren würden. Ich sagte: »Ich hab' soo 'n Durst.« Wir saßen auf dem Wassergrundstück, vor uns grüne Gläser, und sahen den hereinkommenden Booten zu. Es gab wahre Deppen unter den Kavalieren, die mit der Braut am Heck abzulegen versuchten. Der Riemen sprang aus der Halterung und ging über Bord. Die Dame lachte hellauf und schwieg sofort fein still, als sie der Blick ihres Buhlen traf.

Mit flink geführtem Ruder manövrierte uns Vater vom Ufer weg. Zwischen den Feldern auf der rechten Seite und dem Steinbruch auf der linken fuhren wir den Fluß hinauf, getrieben von einer Vaterstärke. Wir legten an und gingen baden. Mutter und ich im Badeanzug, Vater und Hubert in Badehose. Das Wasser war weder sauber noch dreckig und schmeckte nach Weißer Elster. Mutter hatte Semmeln geschmiert. Die Butter war in der Hitze mit der Marmelade verschmolzen und tränkte süß die Semmel. Es fehlte nicht an runden, flachen Fidschelsteinen – wenn sie siebenmal auf dem Wasser sprangen, konnte man sich was wünschen. Hubert und ich übernahmen die Riemen. Vater brachte uns die Kniffe bei. Es hat sich später immer als Vorteil erwiesen, wenn ich mit dem Mädchen im Boot rasch vom Ufer ablegen konnte und auf den Zentimeter genau wieder einlief. Bei guter Erziehung war dies einen Kuß wert.

Hinter dem Steinbruch begann der Märchenwald. Wir zurrten das Boot am Ahorn fest und gingen den schattigen Pfad hinauf. Der Bach daneben floß munter zu Tal, und das Klopfen von Holz auf Holz kam näher. In Wünschendorf lebte ein Mann, der verbrachte seine Zeit damit, Märchenszenen nachzubauen und ihnen mit Wasserkraft Leben einzuflößen. Man sah Zwerge aus Holz, die hämmerten unendlich lange, bis der Spund bricht, an ein und demselben Scheit. Weiter oben stand Schneewittchen am Fenster. Die Königin reichte ihr den vergifteten Apfel vieltausendmal, und

Hänsel trat die Hexe ebensooft in den Ofen, wie sie ein Draht wieder herauszog. Zu schnell ging es zur nächsten Ebene der quietschenden Eintönigkeit. Zu schnell ging's zurück – den Berg hinunter und in die Strömung halten, aussteigen, als wäre man besoffen, auf die Karre und heim. Wenn Vater die Straße durch die Wünschendorfer Holzbrücke nahm, mußten wir vor dieser noch einmal absteigen. Er fuhr mit Getöse durch die befestigte Brücke mit Dach und Gucklöchern, die alle Kriege überdauert hatte, wartete am Ausgang und schaltete den Motor ab. Unsere Schritte hallten durch das kühle Dunkel. Im Gebälk setzten sich die Tauben wieder, die der Karrenlärm aufgescheucht hatte. In die wuchtigen Seitenbalken waren die Wünsche der Jahrgänge eingekerbt.

Weihnachten war die Welt verwandelt. Selbst das Wohnzimmer klang anders, weil ein Baum in der Ecke stand. Hubert und ich hatten Vater zureichen dürfen, als der Schmuck vom Keller an die Kiefer kam. »Gib mir mal den blauen Zapfen.« Es ging um Zentimeter. Vater schätzte Bleilametta von seiner Schwester Luzie aus Hamburg und hängte die Fäden einzeln auf. Jedes Jahr am ersten Feiertag, wenn wir Tante Lotte und Onkel Alfred besuchten, verlieh Vater auf dem Rückweg seiner Mißbilligung Ausdruck, indem er sagte: »Hast du gesehen, Irmi, die Klumpen am Baum?«

Am Heiligen Abend holte er die größte seiner fünf Mundharmonikas heraus. Nach dem dritten Lied nahm er die kleinste und quietschte »Oh, Tannenbaum«. Er saß auf der Sofakante, Ellbogen auf die Knie gestützt. Die Lichter glänzten ihm in den Augen. Der Abend fand ein genüßliches Ende, indem wir von der Bettcouch aus Fury, dem Fernsehpferd, zusahen – Hubert lag zwischen Vater und Mutter, ich saß am Fußende – neben mir der Kachelofen, hinter mir ein Kissen, über mir die karierte Decke. Mindestens acht Kästchen Schokolade waren für jeden drin.

Vater muß gewußt haben, was alles zur Familie gehört. Es war ja sein zweiter Versuch. Mutter kommentierte den ersten so: »Die wollte, daß er mehr Geld nach Hause bringt, und als er die Woche über weg war, ist sie fremdgegangen.« Mit Mutter hatte er eine Frau gefunden, die seinem Lebensentwurf zur Seite stand. Sie teilte das Geld ein: »Das ist für die Miete, das zum Leben, das legen wir weg.« So kam nach und nach Stück für Stück hinzu, entsprechend dem Rätsel sich füllender Haushalte.

»Was bringst'n du da wieder an?« empfing ihn Mutter, als er mit dem Pappkarton in der einen und dem Bauer in der anderen Hand nach Hause kam und von der Schönheit eines singenden und vor allen Dingen sprechenden Wesens schwärmte. Vater nannte den Vogel Peterle, da der Verkäufer gesagt hatte, daß Weibchen nicht sprechen lernen. Peterles Bauer war eine Welt für sich. Wir sahen hinein wie in eine Puppenstube. Peterle hatte alles. Sein Spielgefährte, eine Vogelimitation, trug den Namen Butschie. Außerdem verfügte Peterle über eine Kalkplatte, einen Spiegel, vier Stangen, ein Badehäuschen, einen Napf für das Wasser und einen Napf für die Körner aus der Drogerie. Der Boden war wie im Zirkus mit Sand bedeckt. Nach der Eingewöhnungsfrist durfte Peterle in der Bude herumflattern. Seine Eigenart bestand darin, daß er auf der Gardinenstange über mehrere Stuhlgänge sitzenblieb.

34

»Für einen Wellensittich braucht man Geduld«, hieß Mutters Losung, die sie wörtlich nahm. So lernte Peterle sprechen. Mit seinem Spiegelbild balzend, rief er fortan: »Guter Peterle.« Die Geschichte seines Todes gebietet mitfühlendes Zusammenziehen der Augenbrauen. Er war in der Blüte seiner Zutraulichkeit. Diese wurde ihm zum Verhängnis. Beim Mittagessen spazierte er von Vaters Schulter über dessen Arm geradewegs auf den Rand des Tellers mit heißer Kartoffelsuppe. Peterle verlor das Gleichgewicht und rutschte quietschend hinein. Es half nicht, daß Mutter ihm die Füße in Kamille wusch, sie wurden von Tag zu Tag untauglicher. »Das ist doch nur noch Quälerei«, sagte Vater und ging mit ihm den letzten Weg. Wir trauerten, bis eine Woche später ein neuer Peterle das Bauer bewohnte. Ihm ist die sprachliche Meisterschaft Peterles des Ersten nie gegeben gewesen. Mutter brachte deswegen nicht weniger Geduld mit ihm auf. Sie erinnerte sich: »Der erste hat so schön gesprochen«, saß in der Küche und schnäbelte.

Wie im Märchen hieß eine alte Nachbarin ebenfalls Peterle, Frau Peterle, eine starke Raucherin mit kratziger Stimme. Sie lebte allein mit ihrem Sittich und fragte bei uns um Quartier für Hansi nach, weil sie in den Westen verreisen wollte. Er durfte kommen und setzte sich matt in den Sand. Peterle der Zweite hing in der äußersten Ecke am Gitter. Wir neigten uns über den Käfig und rochen den Grund: Hansi stank dermaßen nach Nikotin, daß wir das Türchen öffneten, um Peterle einen Fluchtweg zu schaffen. Nachts durfte man wegen des Dunstes auf keinen Fall den Käfig zudecken. Nach Wochen war Hansi fast bis zur Geruchlosigkeit ausgelüftet und saß neben Peterle auf der Stange.

»Ich hau' ab.«

»Wohin, Bruder, wohin?«

»Dorthin, wo der Pfeffer wächst.«

So oder ähnlich muß die Unterhaltung gewesen sein, denn als Mutter am vorletzten Besuchstag den Staublappen ausschütteln wollte, trieb es Hansi auf und davon, während Peterle zufrieden am Bauer turnte. Mutter schrie, Vater und ich rannten hinaus und sahen ihn zum Friedhof fliegen, wohin wir uns schleunigst samt Bauer begaben. Er saß auf der vierten Fichte neben dem Eingang. Wir hielten ihm den Käfig hin, und Vater pfiff die süßeste Melodie. Da flog er so hoch, wie es ihm keiner zugetraut hat, über die Bäume, die Friedhofsmauer, in Richtung seiner Wahl. »Den holen sich die Krähen«, sagte Vater und pfiff einen monotonen Marsch.

Frau Peterle ist aus dem Westen nicht zurückgekehrt. Wenn Hansi das gewußt hätte.

Das erste Radio war schon immer da. Das zweite Radio, mit Tasten für Sprache, Jazz und Orchester, stand im Wohnzimmer neben der Bettcouch. Mutter schaltete es nur früh wegen der Zeit an. Sie lief zwischen Küche und Wohnzimmer hin und her, um eine Ansage zu erwischen, und ärgerte sich: »Wieder verpaßt«. Bis Vater einen Lautsprecher auf dem Büfett angebracht hatte. Sie brauchte beim Anziehen im Wohnzimmer nur noch einzuschalten und wußte schon, während sie die Holzscheite in den Herd legte, alles, was sie wissen wollte. Sie favorisierte den Sender mit den meisten Ansagen. Das Gedudel ging ihr auf die Nerven. Wenn ich meine Musik nach dem Abendbrot hören wollte, zog ich den Lautsprecherstecker aus dem Radio und kappte die Verbindung. Mutter liebte Heimatlieder oder einen schönen Walzer.

Als der Tesla kam, spielte sich alles so ab, wie man es aus der Satire kennt. Vater drehte auf dem Dach die Antenne, Mutter war Stimme zum Fenster hinaus, Hubert sagte, ob es besser oder schlechter wird, und ich saß am Wohnzimmertisch und lachte. Man sah zwar vorerst nur, wie es sich hinter der Scheibe bewegte, doch dabei sollte es nicht bleiben. Schon sahen wir die Konturen eines Hundes, der dem Menschen hilft. Auf dem Dachboden standen gebogene Stäbe für den Empfang des Ochsenkopfs, eines Senders vom Berg gleichen Namens im Westen. Hubert sagte auf die

Frage seiner Lehrerin, ob er die »Aktuelle Kamera« gesehen habe: »Da haben wir Westen geguckt.« Mutter erfuhr es am Elternabend. Zu Hubert sagte sie in ihrer subversiven Art: »Sei vorsichtig.«

Ihre Lieblingssendungen waren »Zum Blauen Bock«, »Mainz, wie es singt und lacht«, die Montagabendschnulze aus der »Rumpelkammer« und Eiskunstlaufen. »Niedlich«, sagte sie, wenn sich Gaby Seifert nach geglückter Kür mit doppeltem Lutz und dreifachem Rittberger an Jutta Müllers Pelzmantel kuschelte. Mutter freute sich über jede Sechskommanull wie eine Schneekönigin. In dem Moment war sie Gaby Seifert.

Die größte Errungenschaft auf dem Gebiet der Haushaltselektronik hieß Omega und war Staubsauger. Mutter zog den tosenden dunkelblauen Wurm am Schlauch über Teppiche und Läufer, nie über Steinfußboden. Immer wieder stand ich neben Omega und dachte: »Der muß doch mal ausatmen.« Es bereitete mir körperliches Unbehagen. Ich hielt die Hand vor »Omegas« Hinterteil, staunte über den warmen Luftstrom und begriff nicht. Wenn Mutter den Schalter umgelegt hatte, fiel das Getöse in sich zusammen, so als wäre er kurz davor.

Wäre es nach Mutter gegangen, würde ich Christine heißen. »Ich hatte mir eigentlich ein Mädchen in den Kopf gesetzt«, sagte sie nicht ohne den geringsten Vorwurf. Es gibt Beispiele, wo Umwandlung durch den Willen einer Mutter geglückt ist.

Vater, der in den fünfziger Jahren mit Onkel Alfred und dem großen Scherzer, Heinz bei Dixens gearbeitet hatte, war wohl irgendwann während der Frühstückspause auf die Ohrenschmerzen seines zweijährigen Hubert zu sprechen gekommen. Heinz meldete die gleichen Sorgen von seinem dreijährigen Wolfgang, und seither besuchten sich die Familien gegenseitig, seither flickte Frau Scherzer auch unsere Löcher, denn sie besaß eine Nähmaschine. Auf den Sonntagsspaziergängen rannten Hubert und Wolfgang drei Jahre voraus. Neben meiner kinderwagenschiebenden Mutter tippelte klein und schmächtig Frau Scherzer. Aus tiefster Brust soll sie gestöhnt haben: »Ach, wenn ich doch noch ein zweites hätte.« Dabei huschten ihre Augen zu Heinz, ohne daß sie den Kopf gehoben hätte.

Heinz bestimmte, das zweite solle Eckard heißen. Doch Frau Scherzer konnte sich nie damit abfinden. Sie wollte einen Thomas und führte jahrelang Papierkrieg, lief von Pontius nach Pilatus, bis sie es erreicht hatte. Wenn ich ihn versehentlich Eckard nannte, mußte er aufgebracht sagen: »Ich heiße Thomas!« Es kam nicht mehr oft dazu. Scherzer, Heinz gerbte zu dieser Zeit bei Bankwitz, und Vater fuhr schon lange ein.

Mutter beschränkte sich darauf, mich zu schmücken. Nach der entsprechenden Anzahl von Jahren fragte ich selbst danach, ob sie meinen Kragen auch gestärkt hat. Meine Sachen kamen von Peter Stolz aus Hamburg.

Wir standen halbnackt Schlange vor dem Arzt, der sich einen Tag im Jahr mit seinen drei Werkzeugen in den Kindergartenkeller einquartierte. Er drückte die Zungenwurzel mit einem Holzlöffel hinunter, benutzte einen kalten Knopf mit Schläuchen zu seinen Ohren, der von den Brüsten und Rücken langsam warm wurde, und ein glänzendes Beilchen, damit die Füße zucken. Allein für die letzte Untersuchung genügte ihm sein Blick. Über den geschürzten Unterhosen galt nur der Beweis: »Sitzt, paßt, hat Luft.« Als er meinen Bemühungen gefolgt war, füllte er einen Zettel aus.

Der schwere Äther zog mich tiefer und tiefer in den Brunnenschacht. Die Schwester beugte sich darüber und rief: »Hörst du mich noch?« Ich hörte sie noch, konnte aber nichts mehr erwidern, weil ich meinte, ersticken zu müssen. Aus der Narkose kommt man denselben Weg zurück, den man hineingefallen ist. Langsam verlieren die Geräusche ihre Echos. Die Verwunderung darüber, daß man wieder lebt, weicht dem jähen Gedanken ans Messer. Dann führt jeder Nerv zum Acker des Chirurgen. Dicke Mullbandagen ließen den Betrug noch nicht erahnen. Nach drei Wochen deckten ihn die Wellen auf. Wir waren das erste Mal an der See im Urlaub. Das letzte Läppchen weichte von der Wunde. Mutter sah sich meinen Pimmel an und hielt ruhig. Nicht eine Bemerkung über das, was da war, kein: »Ach, Junge, was haben sie denn mit dir gemacht?«

Doktor Kleine-Möllhoff mag ein guter Herzchirurg gewesen sein, die Beschneidung zählte nicht zu seinem Spezialgebiet. Er gab mir in der Narkose eine Form, die noch niemand vorher gesehen hatte. Mutter war nach mir die erste.

»Wußtet ihr, was das war?«

»Wir haben uns schon gewundert, aber ich dachte, das verwächst sich.«

»Wie sollte sich das verwachsen?«

»Es hat doch der Chefarzt gemacht.«

»Ich mußte es ausbaden.«

»Wieso du.«

»Habt ihr nicht gedacht: Damit kann der doch nie.«

»Das hat man halt damals nicht gedacht.«

»Aber habt ihr es nicht gesehen?«

»Ich hab' doch schon gesagt: Ich habe gedacht, das verwächst sich.«

»Wie sollte sich das verwachsen?«

So wäre das Gespräch zwischen Mutter und mir bis zum Tode weitergegangen, wo Doktor Kleine-Möllhoffs Kabinettstückchen endlich ins Ungeschehene gleiten wird, da rannte ein Hase vor dem Auto über die Straße. Mutter sagte: »Fahr doch nicht so schnell.«

Vor dem Abendbrot stand ich mit Hubert auf dem kalten Klo in der Mozartstraße. Unser Spiel hieß »Über Kreuz«. Huberts Strahl kreuzte meinen. Mein Strahl kreuzte Huberts. Unser Hauch, unser Urin, alles dampfte. Irgendwann sagte Hubert: »Du Krüppel.« Danach machten wir nicht mehr »Über Kreuz«. Bei Mutter hätte ich mich nicht zu beschweren brauchen, sie konnte in dieser Sache nichts Schlichtendes vorbringen. Anfechtungen verweigerte sie einfach ihr

Wort. Zuweilen, wenn man die Grenze ihres Schamgefühls überschritten hatte, hüllte sie sich in abweisen-
des Schweigen. Als ich sie irgendwann mit einer Hure
verglich, schrie sie: »Was hast du gesagt?« Ich dachte,
so würde man eine Frau nennen, die laut und rück-
sichtslos herumkräht. In diesem Zusammenhang erinnerte ich ein Wort mit langem »u«. Wenn man aus der
Schule kommt, will man seine Ruhe haben. Ich sagte:
»Wie eine Hure«, meinte aber: »Wie eine Furie«. Mutter war auf eine Art beleidigt, die ich nicht kannte. Sie
schwieg lange mit dem Gesichtsausdruck eines Steins.

Bei uns war es ja nicht wie bei den Eingeborenen, die
ein Fest veranstalten, wenn das Junge zum Menschen
gemacht wird. Vor aller Augen steht der Bub am Hackstock, ein Kundiger mit scharfem Stein erscheint, zieht
vor, zack und stehen. Die Anwesenden führen Tänze
auf, trinken, lachen und tätscheln den Kleinen.

Hubert muß sich seiner Sache sicher gewesen sein.
Als er, frisch pubertierend, in der Badewanne stand,
seifte er seinen Pimmel von einer Hand in die andere
und triumphierte im Takt der Bewegung seiner Hände:
»Meine, meine, meine …« Da war ich schon dort, wo
man sich für sich selber schämt, wo man seinen ganzen
Erfindungsreichtum darauf verwendet, Scham zu verbergen.

Eigentlich hätte Mutter sehen können, daß sich da
nichts verwächst. Sie mußte mir fast jede Nacht die
Madenwürmer aus dem Arschloch klauben. »Mutti, es
krabbelt!« Ich stand nervös in der Küche, ließ mich von
der Seitenlehne nach hinten auf das Sofa fallen und
schmiß die Beine übern Kopf. Manchmal kriegte sie
den Störenfried zu packen und zerdrückte ihn zwi-

schen Daumen und Zeigefinger. Manchmal sagte sie: »Ich kann nichts finden« und zog mich an den Händen wieder hoch. Mutter soll mir nicht erzählen, daß sie meinem Wunder bei dieser Gelegenheit keinen Blick gegönnt hätte.

Die Madenwürmer waren mein Glück. Durch sie wurde ich dürr und mit zehn Jahren zur Schädlingsbekämpfung in ein Krankenhaus eingeliefert. Bei der ersten Untersuchung stand ich nackt dem Arzt vor. Er sagte: »Interessant.« Mutter erklärte mir, daß das noch mal gemacht werden müßte.

Zur Visite lag ich mit offener Wunde vor einer Rotte Weißkittel jeglichen Standes, vom jungen Ding bis zum alten Hasen, als wäre Tag der offenen Tür. Der Mann mit den goldenen Händen tuschelte in den Halbkreis und erntete Belustigung. Ein schönes Mädchen, sie mag im ersten Lehrjahr gewesen sein, gewährte mir einen bedauernden Blick, bevor sie sich umdrehte und ihre Schultern zuckten.

Als ich ein Alter erreicht hatte, in dem man verantwortlich gemacht wird, mußte ich einen Raum mit zwei anderen Verantwortlichen teilen. Dieser Raum hatte innen keine Klinke, die Fenster waren aus Glasbeton und vergittert, das Becken für die Notdurft stand in der Ecke. Ich trank sehr wenig und reduzierte meinen Wasserhaushalt auf eine Abgabe pro Tag – nachts, wenn die anderen schliefen.

Ich machte in der Küche Hausaufgaben. Ein Heft fehlte, das sich im Wohnzimmer befand. Im Wohnzimmer aber schlief Vater auf der Bettcouch, denn er hatte in dieser Woche Nachtschicht. Mutter wischte den Hausflur – durch die Küchentür drang vertrautes Eimerklappern. Ich ging zur Wohnzimmertür und drückte die Klinke schnell herunter, weil sie dann weniger knarrte, öffnete und trat ein. In der Mitte des kühlen Wohnzimmers, das nun, wo Vater drin schlief, keines mehr war, stand der mit einer großornamentigen Tischdecke abgedeckte Wohnzimmertisch, dessen Mittelpunkt ein Schälchen markierte. Man sah meinem Heft an, daß es nicht dorthin gehörte. Vater lag aufgedeckt auf der rechten Seite. Sein Nachthemd war hochgerutscht, und so sah ich Vaters Arsch zum erstenmal. Im selben Moment stand Mutter hinter mir, huschte vorbei und wedelte Vaters Hemd mit koketter Geste über das weiße Gesäß. Ein peinlicher Funke stob durch die Kühle, ich pickte das Heft und richtete mich auf meinen vier Buchstaben ein.

Mutter muß Vater von dem Vorfall berichtet haben, denn er sagte, bevor er zur Schicht ging: »Willst'n noch mal sehn?«

»Bekommst du einen Urlaubsplatz?« In den Worten lag die Wehmut der ins Jahr gespannten Seelen. Als ich die Ostsee sah, war ich fünf Jahre alt. Ich konnte sie sehen, weil Vater vom Betrieb einen Urlaubsplatz bekommen hatte.

In der Vorsaison ist es kühl, und der Sturmball ist oben. Wir stiegen übernächtigt aus dem Zug – die Müdigkeit war weggeblasen, der Luftgeruch grub sich in die Nasen ein. Wir stellten die Koffer im Privatquartier unter und gingen den schmalen Sandweg zwischen Maulbeersträuchern entlang. Da war die Ostsee schon zu hören. Der Wind kam vom Meer. Wir standen nach vorn gebeugt auf der Düne. Die Lippen schmeckten salzig. Alles kam auf uns zu, fette weiße Wolken, dunkles Wasser. Es gibt keine größeren Weiten. Wir blieben lange oben stehen, und Vater jauchzte den Möwen zu.

Im Privatquartier zu wohnen ist nicht gut, nur ein Krug warmes Wasser zum Zähneputzen pro Tag für die ganze Familie. Als wollte man sich nicht mal warm waschen. Die Eltern wurden ernst, wenn wir an den großen zentralbeheizten Urlaubsheimen vorbeimußten, wo kein Platz zu bekommen war. »Wir sind halt nur kleene Arbeiter«, sagte Mutter, was Vater nicht leiden konnte.

In Zinnowitz auf Usedom trafen wir Hechts. Wir saßen mit Hechts am Essenstisch im Karl-Liebknecht-

Essenssaal der Wismut-Urlauber, wir lagen mit Hechts am Strand. Unsere Strandkörbe und Sandburgen standen nebeneinander. Herr Hecht war dürr und fror wie ich, so daß wir nur bis zu den Knien reingingen. Davon und auch von anderen Konstellationen gibt es winzige Fotos: Herr Hecht mit Mutter, Frau Hecht mit Vater und Mutter, Sabine Hecht mit Hubert und mir, Familie Hecht mit uns allen, außer mir – ich knipste. Man stand, jeweils einen Arm um den anderen gelegt, und brauchte sich mit dem Lachen nicht zu mühen. Vater behielt die Sonnenbrille auf, als er zwischen den beiden prächtigen Weibern stand.

Eines Mittags schliefen Mutter und ich im Strandkorb ein. Dadurch kam es zu dem legendären Sonnenstich. Am Abend kotzten wir um die Wette. Jegliche Sommer später warnte Mutter vor dieser Naturerscheinung.

Sand lädt zum Graben ein. Nachdem es Vater und Herrn Hecht nicht mehr genügte, den ganzen Urlaub herumzuliegen, und die Ausflugsziele abgegrast waren, begannen sie ein großes Loch zu schaufeln. Sie gruben sich tief in den Sand und konnten nur noch über die Schultern des anderen hinaufklettern. Wir reichten ihnen Bier hinunter – sie prosteten uns mit ausgestrecktem Arm zu und ließen sich fotografieren. Am späten Nachmittag kam der Strandwächter angelaufen. Man hatte ihm von dem Krater berichtet. »Die Wismutler halten's wohl auf der Erde nicht aus?« schimpfte er, »wenn nachts jemand hineinfällt!« Die Männer mußten es wieder zuschütten, was sie ohnehin vorhatten: »Das hätten wir sowieso gemacht.« Wismutkumpel erkannte man an ihrem Selbstverständnis.

Nach dem Abendbrot gingen die Urlauberfamilien Möwen füttern. Der Strand wurde in Lufträume eingeteilt. Waren die Reste verteilt, gab es einen Moment der Angst, weil die Möwen krächzend weiter anflogen. Ich bin weggerannt – es waren sicher dreißig Vögel.

Ich war zwölf, da träumte mir eines Nachts, daß ich sterben muß. Schlafend stand ich auf, überquerte den Fransenteppich im Kinderzimmer, durchschritt den Korridor, öffnete die Schlafzimmertür meiner Eltern und schluchzte an Mutters Fußende: »Mutti, ich muß sterben.« Sie erwachte sofort, schaltete die Nachttischlampe ein und hielt mich an den Oberarmen. »Mutti, ich muß sterben«, unter Tränen wiederholte ich immer nur diesen Satz. Es gelang ihr nicht, mich wachzurütteln. Der Traum zog vorüber. Sie führte mich an mein Bett, ich legte mich hinein, sie deckte mich zu.

Von allem wußte ich nichts, als mich Mutter am Morgen nachdenklich um Auskunft bat.

Das Foto zeigt einen jungen Mann in der Mansarde des Wismutwohnheims auf der Matratze liegend. Er will seiner Miene den Ausdruck eines Goldsuchers verleihen. Auf einem anderen Foto steht er im Rettungsanzug mit Gasmaske neben einem Schlammloch. Allein der Umstand, daß dieses Bild aus Mutters Fotokiste stammt, läßt unter der Vermummung meinen Vater vermuten.

Als er in der Gerberei gearbeitet hatte, mußte er Häute abstoßen. Vom Gerbsalz bekam er in der Höhe, wo er gegen die Tischkante lehnte, Furunkel an den Beinen. »Die Wismutler stehen besser da«, sagte man damals in der Gegend, wo die Halden an Ägypten erinnern.

Er legte der Frau, die mich bald empfangen sollte, lachend seinen ersten Monatslohn von der Wismut auf den Mittagstisch. Sie ahnte, daß dieses Geld ein Leben in Angst und Einsamkeit bedeuten wird.

»Georg, wann kommst'n heute?« Ging er zur Frühschicht, hielt die Frau nachmittags um vier nach ihm Ausschau. Hatte er Spätschicht, wurde sie ab Mitternacht unruhig, und zur Nachtschicht schreckte sie bei jedem Geräusch aus dem Schlaf. Im Sommer war es besser, weil er dann mit der Karre fuhr. Er mußte nicht auf den Schichtbus warten und kam früher nach Hause. Nachts hörte sie ihn schon von weitem. »Was hast'n du da unten zu suchen, Georg?« Während seiner Wochenenddienste im Rettungskommando lief sie buchstäblich wie im Käfig hin und her.

»Ich bin Bergmann, wer ist mehr«, trumpfte er auf, solange er einfuhr. Nachdem er nicht mehr unter Tage durfte, gebrauchte er den Satz nur im äußersten Notfall: Eines Sommers, der Berg war in Vater selbst schon bedrohlich angewachsen, fuhr er mit Mutter in eine Ferienbungalowsiedlung der Wismut. Er atmete die frische Luft, so tief er konnte, und freute sich über die Stille am See. Als die Betriebsleitung und sowjetische Offiziere über das Wochenende die Sau rauslassen wollten, sollten die Eltern in einen anderen Bungalow umziehen. »Ich bin Bergmann, wer ist mehr«, noch einmal richtete er sich daran auf. In der Nacht lag er wach und hörte die besoffenen Bonzen grölen. Mutter schlief, denn Georg lag an ihrer Seite.

Arbeitskollegen gingen verborgene Wege, wenn sie das ein oder andere zu besorgen hatten. In den Betrieben herrschten orientalische Verhältnisse. Man strickte ein feines Netz des Tausches und verschob, was nicht niet- und nagelfest war. »Tust du mir mal einen Gefallen?« Vater war beliebt, weil er über Tage einen Ello mit Pritsche fuhr. Pritsche bedeutete Ladefläche, und Ladefläche konnte alles bedeuten.

Vaters Arbeitskollegen waren Fremde mit Namen – zum Beispiel: der Stelzer. Er saß zu jeder Familienmahlzeit mit am Tisch, nicht per Statur, per Stelzer. Daß sich der Stelzer einen gebrauchten Moskwitsch zugelegt hatte, war die Neuigkeit schlechthin. Kurz darauf kam Vater mit Kopfverband nach Hause. Sein Ohrläppchen brauchte Halt, es hing am letzten Faden. Er war mit Stelzer im Moskwitsch was besorgen gefahren. Stelzer hätte bremsen können – er sagte schlicht: »Ich hatte Vorfahrt.« Seidem wurde er bei Tisch nicht mehr erwähnt – Stelzer war zu gefährlich. Arbeitskollegen starben schon im Wismut-Krankenhaus wie die Fliegen.

Mein Vater saß nach der Kobaltbestrahlung auf dem Bettrand und schüttelte fortwährend verneinend den Kopf. Zwei Monate später ließ er sich aus dem Fenster seiner Wohnung im zehnten Stockwerk fallen, wenige Tage vor seinem sechsundfünfzigsten Geburtstag. Ich erhielt die Nachricht von seinem Tod telegraphisch und fuhr sofort zu meiner Mutter. Mit unbewegtem Gesicht sagte sie, daß sie gesehen habe, wie er den Halt verlor. Sie kam von der Arbeit, öffnete im selben Moment die Wohnungstür. Einer der Hausschuhe fiel ins Zimmer zurück. Feuerwehrleute brachten ihr den anderen und – wegen des Edelmetalls – die Zähne in ein Taschentuch gewickelt.

Vor Beginn der Trauerfeier wartete eine Gruppe Männer in schwarzen Uniformen und mit schulterhohen Kränzen. Dann saßen sie reglos im Kirchenschiff gegenüber.

Zwei glitzernde Steine standen in der hellblau ausgespannten Vitrine des Fernsehschranks meiner Kindheit. Ich spielte nicht mit ihnen, wog sie nur in der Hand und konnte nie das leise Ticken vermeiden, wenn ich sie auf den Spiegelboden zurückstellte.

Das Holz, das wir zum Anheizen verwendeten, stammte aus stillgelegten Schächten. Ich hackte und stapelte es im Keller. Es war mit einer dunklen Schicht bedeckt, deren Geruch ich wiedererkennen würde.

Als ich meinen Vater fragte, was Silikose bedeutet, sagte er: Uranstaub frißt weiter.

Seine Wochen waren in Schichten eingeteilt. Wenn es irgend etwas zu planen gab, stand er vor dem Kalender in der Küche und zählte: Früh, Mittel, Nacht, Sonntagsdienst. Zur Mittelschicht erhob er sich vom Mittagessen und mußte auf den Schacht, so hieß es im Sprachgebrauch. Manchmal sah ich ihn inmitten der Fremden, die ihre Haut zum Markte trugen, wo der Schichtbus hielt. Mein Vater unterschied sich von den anderen nur dadurch, daß ich ihn kannte. Sie stiegen ein und schliefen, noch bevor der dröhnende Bus den großen Kreis verlassen hatte. Vielleicht haben sie sich im Schlaf verwandelt. Mein Vater erwachte als »Schorsch« – »bekannt wie ein bunter Hund« –, lief geschäftig zwischen eisernen Schränken umher und verschwand in den Maschinen. Dunkles Holz brachte er nach Hause.

Oft schwieg er nach der Frühschicht, wenn auf dem Schacht ein Unglück passiert war. Wieder hatte es jemanden erwischt – meist junge Männer, zermalmt von Geröll oder Ketten. Das Schicksal forderte seinen Tribut. Ich ahnte eine Erwachsenenwelt, in der jeder irgendwann seinen Platz einnehmen muß, auf Gedeih und Verderb ausgeliefert den Schlägen dieses Schicksals. Mein Vater war auf jener Seite, unerreichbar für mich, weil mir die wichtigste Voraussetzung fehlte – das Alter. Die Erwachsenen hatten etwas zu tun, dem man mit entsprechendem Ernst begegnen mußte, weil sie damit ihre Zeit verbrachten. Das Ansehen, das sie genossen, stammte aus dieser Zeit.

Zu Hause sah ich meinen Vater nie ohne Beschäftigung. Von dem Geld, das er sich nebenbei mit Renovierungsarbeiten verdiente, kaufte er einen kleinen batteriebetriebenen Radioapparat, zog sich damit in den Keller zurück und ordnete die vielen Gegenstände, deren Sinn niemand außer ihm zu deuten wußte. Die dunklen Regale starrten von rostfleckigen Büchsen und gebrauchtem Gerät. Er tat so, als harre jedes Ding seiner Anwendung. Das Radio ging kaputt, als ich es öffnete, um die Innereien zu begreifen. Ich sah, was ich angerichtet hatte, und wollte es unter Aufbietung aller Unkenntnis ungeschehen machen. Meine Mutter sagte, daß Vati, so nannten wir ihn und es klang wie ein Vorname, nun ein ganzes Wochenende umsonst auf der Leiter zugebracht hat. Mein Schuldgefühl ließ mich ihm tagelang aus dem Weg gehen.

Es kam selten dazu, daß wir uns grundlos berührten. Wenn ich mit ihm auf dem Motorrad fuhr, umschlang ich ihn von hinten mit beiden Armen. Einmal hagelte es. Er hielt am nächsten Baum, einem Kirschbaum, und drückte mich unter seinem Körper gegen den Stamm. Die Körner prasselten, ich stand im Trocknen. Dann brach die Sonne durch.

Uranstaub frißt weiter – fünfzig, sechzig, siebzig Prozent tote Lungenbläschen. Manchmal atmete ich einige Minuten sehr flach, um mir vorstellen zu können, wie mein Vater lebt. Die Ernsthaftigkeit dieser Versuche war ebenso groß wie jene beim Luftanhalten nach Sekundenzeiger. Mit dem ersten tiefen Atemzug begriff ich einen Augenblick lang, was seine Krankheit bedeuten mußte.

Weinen sah ich ihn nur einmal – auf der Reise zu dem Ort, wo er aufgewachsen war, den er, fünfzehn Jahre alt, verlassen mußte. Wir saßen im Auto und hielten am Berg vor der Stadt. Die Häuser ragten aus dem Taldunst. Ich hörte sein Schluchzen und heulte mit. Aber wir berührten uns nicht.

Als er immer öfter im Krankenhaus lag, setzte ich mich während der Besuche nie selbstverständlich auf sein Bett, stand am Fußende und wußte nichts zu sagen. Einmal führte er mich herum und kaufte Süßigkeiten. Man konnte im Krankenhaus einkaufen. Der Laden glich den üblichen Geschäften in der Stadt, doch alle außer mir trugen die gleiche Kleidung, Schlafanzüge, Bademäntel, und niemand sprach. Die Dinge kannte ich – hier zwischen den Uniformen der Kranken überraschte mich ihre Normalität.

Mein Vater war nie geheilt, wenn er von Mal zu Mal schweigsamer nach Hause zurückkam. Er ließ sich gesund schreiben, so hieß es im Sprachgebrauch, für immer kürzere Fristen. Berufskrankheit ist angesehener als Krankheit. Auf dem Schacht muß er sich unter seinesgleichen gefühlt haben, angesehen durch gemeinsames Tun und das Opfer, das er gebracht hatte. Er fuhr erst dann nicht mehr zur Arbeit, als ihm der Körper den Dienst versagte.

Alles blüht und ich vergeh', sagte er zu meiner Mutter im letzten Frühling. Ich wohnte schon lange in einer anderen Stadt. Sie hat es mir erzählt. Er verschloß die Gartentür und sah im Gehen zurück über den Zaun in das gepachtete Paradies meiner Eltern mit dem Tisch im Heckenschutz und der schaukelnden Bank. Zum letztenmal ging er durch die Zaunreihen, vorbei an den anderen, die wie immer beschäftigt waren oder unter Pflaumenbäumen zusammensaßen und wie immer gleichgültig grüßten.

Den Sommer mußte er in der Klinik verbringen. Auf seiner Brust bezeichneten violette Fadenkreuze die Ziele für die Kobaltkanone. Während meines letzten Besuchs begleitete ich ihn nachmittags durch den Park und vermied es, länger zu schweigen. Er blieb stehen, bückte sich nach einer Kastanie und übergab sie mir wortlos. Die Sonne stand tief. Zwischen den Holunderbeeren glänzten silberne Spinnweben. Drinnen war es kühl. Er saß, als ich ging, auf dem Bettrand.

Man brachte ihn nach Hause. Er konnte kaum mehr aufstehen und lag mit offenen Augen auf dem Bett. Von der Straße drang der ewige Lärm. Sein Auto war im Hof geparkt. Meine Mutter wollte ihm am Todesvortag eine Freude machen und bot an, daß sie doch zusammen nach unten gehen könnten, sie würde ihn stützen, und während er daneben an der frischen Luft steht, könne sie das Auto waschen. Das ist doch nichts mehr, hat er erwidert.

Am nächsten Vormittag, als er allein war, erhob er sich, ging zum Flurschrank, wo eine halbvolle Flasche Weinbrand stand, und trank davon die Hälfte. Irgendwann ist er zum Fenster gegangen, sah die Stadt und den Himmel, die unruhigen Leute, hörte den nahen Bahnhof, die Sirenen …

Einen Monat später begann ich von meinem Vater zu träumen. Nacht für Nacht lief ich ihm durch ein verwinkeltes Haus nach, ohne zu rufen, er solle doch stehenbleiben. Es gab keine Sprache, und ich erreichte ihn jedesmal erst im Dachgebälk. Sein Gesicht war mir zugewandt, aber er sah ins Leere. Ich zog ihn immer zum Schluß an mich heran, hielt meine Hände schützend um seinen Kopf, bis ich laut klagend erwachte.

Morgens, nachmittags und nachts fuhr der Korb in die Erde hinein, nachmittags, nachts und morgens kam er heraus. Der Maschinist in der Kanzel steuerte den Fall und den Aufstieg der Kumpel. Von allen geachtet, verdiente er mit seiner sitzenden Tätigkeit ebensoviel wie ein Hauer unter Tage, der im Abraumstaub als Maulwurfmensch den Bohrer bediente.

In Aue und Schmirchau, in Schneeberg und Ronneburg – sobald man sich unter Kumpeln befand, sagte man »Glück auf«. In »Glück auf« war immer ein Körnchen von »Wir sitzen im gleichen Boot«. Ob am Schichtbus oder auf dem Klo in der Strecke, ob in der Betriebsküche oder zu den Sitzungen der Ausschüsse, man sagte »Glück auf«, auch Frauen, wie Vaters Arbeitskollegin, eine Art Chefsekretärin, die sogenannte Zimmerlinde. Der Kumpel betrat das Büro: »Glück auf.« Die Zimmerlinde hob ihre Augen von der Schreibmaschine: »Glück auf.«

Übrigens: Der Kumpel, welcher die Streckenklos entleerte, verdiente fast ebensoviel wie ein Hauer, also ungefähr das gleiche wie der Maschinist. Es ging gerecht zu auf dem Schacht. Die Fördermenge des Streckenklowärters stand der eines Hauers nicht nach. Einer für alle, alle für einen. Jeder bekam seinen Selbstretter, seinen Hauerbeutel, seine Grubenlampe, seinen Helm, Arbeitsanzug, Unterwäsche, Gummistiefel, Fußlappen – von der Weißkaue in die Schwarzkaue, hinein, in den Fahrkorb, hinunter.

Hinunter, an den Lichtern vorbei, die alle fünfzig Meter in den Grubenholzwäldern hängen. Die Erde duftet in ihrer feuchten Scheide, durch die wir bis in ihre Gebärmutter zur Ausschabung vordringen. Der ewige Wind aus den Wetterschächten weht uns von vorn, und wenn wir uns drehen, von hinten. Der Eisenzug nach »Vor Ort« zuckt und kracht. Wir schalten die Grubenlampen aus und träumen, wir würden der Preßluft gehören. Glück auf!

Ich hatte gelesen, daß Pferde in Bergwerke einfahren mußten und niemals wieder das Licht der Welt erblicken durften. Man hat sie ihr Leben lang nicht wieder ausgefahren. Vollständig lautet der Gruß nämlich: »Möge das Glück sich in Form ergiebiger Erzadern auftun.«

Einer von uns, der es überlebt hatte, war als alter Mann stolz darauf, im Keller ohne Licht hantieren zu können.

Kurz war die Friedensstraße, die von der Friedhofstraße abzweigte, und wenige Hausnummern folgten
ihrem Namen, genauer gesagt nur die eins und die
zwei auf der linken Seite. Auf der rechten erstreckte
sich die Gärtnerei Sawatzki, aus welcher, am Tag nach
unserem Umzug vom Schreberberg, ein blonder
Knabe meines Alters kam, klingelte und rief: »Ist der
Junge da?« Dieser Mut und Tatendrang hieß Sawatz.

Er zeigte mir die Gärtnerei. Mit Glas abdeckbare
Beete, so weit das Auge reichte, voller Gurken, Toma-
ten und Kürbisse, Zwiebeln, Kerbel und Dill. Wir be-
sichtigten das Gewächshaus, wo die Azaleen blühten,
Astern und Töpfe voller Alpenveilchen. Es war meine
erste Begegnung mit den Tropen. Die Luft versöhnte
mich mit der unsicheren Reise. Die frisch gesiebte Erde
roch nach Urwald.

Sawatz führte mich ins Wohnhaus und klingelte unten. Seine Mutter öffnete, fragte, ob ich einen Pfann-
kuchen will, und ging auch schon in die Küche, um ihn
zu holen. »Ich will keinen«, flüsterte ich Sawatz zu, der
ihr hinterherrief: »Er will keinen.« Sie kam mit zwei
Stück zurück und sagte: »Quatsch.« Ich biß hinein und
spürte im selben Moment den eklatanten Unterschied
zwischen Erwartung und Wirklichkeit. Frau Sawatzki
sah meinen gequälten Gesichtsausdruck: »Jetzt hast
du den mit dem Senf erwischt.« Dann gingen wir die
Treppe hinauf zu den Großeltern. Sie hatten schon

fünfzig Jahre Gärtnerei auf dem Buckel und waren kurz angebunden. Den Mieter unterm Dach erwähnte Sawatz nur mit einem Satz: »Da wohnt der Pilz.« Den Pilz konnte man auf hundert Meter Entfernung als armen, alten Mann erkennen. Hochaufgeschossen und mager, schleppte er einen Kohleneimer an uns vorbei, als wir das Haus verließen. Seine Schädelform verwies entfernt auf ein Pferd im Stammbaum. Seine Unterlippe stülpte sich übermäßig weit nach vorn, was einen dunklen und unverständlichen Klang seiner Stimme zur Folge hatte. Schon nach dieser ersten kurzen Begegnung war klar, daß ihm mein Mitleid gelten wird. Er hieß mit vollem Namen Moritz Pilz, ein aus der Welt Gestoßener.

Sawatz mußte schuften. Am meisten haßte er rostige Fensterrahmen. Derer gab es viele in der Gärtnerei. Sawatz mußte sie entrosten. Schon nach wenigen Tagen fragte er mich: »Hilfst du mir dabei?« Ich konnte leider nicht nein sagen. An einem heißen Sommertag, an dem jeder freie Mensch die Nähe des Wassers sucht, fror ich beim Kratzen der Drahtbürste auf blankem Metall. Er arbeitete mich ein und ging gießen. So hatte er es von seinem Vater gelernt, welcher derweil im Dienst an der Pflanze umtopfte. Und mit ihm topften andere Gärtner in anderen Gärtnereien in Friedhofsnähe um, um dem Gedenken den Weg abzuschneiden. Als Neuling wunderte ich mich darüber, drei Gärtnereien in meiner unmittelbaren Umgebung zu wissen, weil ich den Zusammenhang nicht kannte: Tote bekommen die meisten Blumen geschenkt.

Sawatz' Vater hatte in die Gärtnerei Gerold eingeheiratet. Damit war das Schicksal seines Rückgrats besiegelt. Er mußte sich zu oft zu tief bücken und bücken und bücken. Die Pflänzlein wurden nicht nur aus der Kraft der Mutter Erde reif und nicht nur aus den Strahlen des Sonnengestirns. Es gab keine Gurke, die groß geworden wäre ohne Bandscheibenabrieb, ohne Schmerzen im Rücken vom unzähligen Verbeugen vor dem Geld. Jahr für Jahr brauchte der Vater länger, um in die Senkrechte zu kommen.

Wenn Weidhase, der Junge aus dem Haus gegenüber des Friedhofseingangs, Sawatz fragte, ob er raus, spielen kommt, sagte Sawatz: »Ich muß helfen.« Weidhase konnte nein sagen. Ich hätte nicht fragen dürfen, dann wäre ich der Gefragte gewesen. Mit dem Fahrrad drehte ich nach der Schule meine Runden. Sawatz schippte Kohlen für die Tropen im Winter; ich umfuhr ihn im weiten Bogen und kam vom anderen Ende der Friedensstraße in die Nummer zwei.

Es wurde »helfen« genannt, »arbeiten« hieß es erst später. Als ich mich gegen Lohn zwei Ferienwochen verpflichten ließ, zählte ich die Tage und schmiß den Spaten zum letzten Feierabend in einen Glasscherbenhaufen. Zum Runksen auf die Wiese neben der Friedhofsmauer kam Sawatz' jüngerer Bruder, Günther, heraus. Elke, die mittlere Schwester, half im Geschäft Blumen binden.

Sawatz übernahm den Familienbetrieb. Er konnte nicht »Schluß« sagen. Als Mann Ende Dreißig sagte er statt dessen beim Kaffeetrinken: »Es ist alles gut, nur der Rücken« und griff sich mit der gleichen Bewegung nach hinten an den Großen Rückenstrecker, wie man es von seinem Vater und seinem Opa her kannte.

Mutter wollte: »Punkt sieben bist du zu Hause.« Kam ich eine Viertelstunde zu spät, frug sie: »Hast du keine Uhr?« Ich zeigte ihr das Zifferblatt: Es war Punkt sieben.

Zum zehnten Geburtstag schenkte mir Mutter eine Damensportuhr mit Datum. Da ich sehr schmale Handgelenke hatte, wollte sie mir keinen Klopper kaufen. Diese Uhr war mein erstes eignes Ding aus dem großen Reich der Erwachsenen. Morgens am Geburtstagstischchen versuchte ich die beiden Kunstlederriemchen aneinanderzuschnallen. Ich hielt meinen Arm angewinkelt und betrachtete den Sekundenzeiger. Noch als die Gäste kamen, nutzte ich jeden unbeobachteten Augenblick. Auf dem Klo nahm ich mir die Zeit und drehte am Knopf, bis das Datum schnippte. Ich mußte eine Viertelstunde kurbeln, bevor ich mich wieder unter die Gäste begeben konnte.

Hätte Mutter gesagt: »Zeig mal der Tante Lotte deine neue Uhr«, hätte Tante Lotte gesagt: »Nanu, is ja schon der Erschte.« Zu Silvester fällt das auf.

Trotz des Altersunterschieds zwischen Hubert und mir mußten wir gleichzeitig ins Bett. Wir machten vorher die Runde bei den Erwachsenen, verabschiedeten uns mit Handschlag, Küßchen und dem immergleichen »Gut' Nacht«. Mutter kam noch mal ins Zimmer, puffte die Federbetten zurecht. Dann war Ruhe. Hubert konnte schneller einschlafen als ich. Manchmal gelang es mir jedoch, seinen Schlaf hinauszuzögern. Es hing davon ab, worauf er sich einließ. In den Ehebetten der Mozartstraße war die Kissenschlacht am kurzweiligsten, im Kinderzimmer der Friedensstraße ein Wettbewerb, bei dem die Zahl der errungenen Fürze entschied. Ich verfügte über einen Trick. Auf allen vieren nämlich vermochte ich mittels bestimmter Bauchmuskelspannung einen Unterdruck im Gedärm zu erzeugen, womit Luft hineingesogen wurde. Man hätte sagen können, ich atmete mit dem After. Das Ausatmen galt als Furz. Auf diese Weise erzielte ich fast dreistellige Ergebnisse. Es endete wie mit dem Knaben, der im Chor ein Oktave höher als die anderen brillieren wollte und falsch sang. Mit dumpfen Flop kam Festes. Erschrocken hielt ich inne und stand vorsichtig auf. Dabei fiel es mir aus der Schlafanzughose. Hubert sagte: »Das ist doch Scheiße.« Ich sagte: »Das ist doch Lehm.« Darauf schwieg er sich in den Schlaf im Klappbett neben dem Schiebetürschrank und bemerkte am nächsten Morgen: »Du hast die Hundert nicht geschafft.«

Im Keller, wo kein Wort fiel, schuf Vater die Kleinodien Huberts und meiner frühen Jahre, Eisenbahn und Kastendrachen. Wegen Ofenheizung konnte er ihre Entstehung nicht verbergen. Kohlen und Holz holen war Kinderarbeit. Hubert hatte die täglichen zwei Eimer Kohlen nach oben zu wuchten, und ich, als der Schwächere, transportierte Holzscheite in einem Pappkarton ins Bad unters Sperrholzbord, hinter den Stoffvorhang, der erst Gardine war und dann die Feuerung verbarg. Sein Muster bestand aus künstlich geformten Blättern, passend zum Nierentisch. Auf dem Klo sitzend, zählte ich die Musterabstände, bis sie sich als Gestaltung wiederholten, ein Spiel, das ich von der Tapete vor dem Aufstehn im Sommer gelernt hatte.

Nachdem ich an einen größeren Karton gekommen war, mußte ich nur jeden vierten Tag die Treppen hinunter. Die Eisenbahn wuchs maßgeblich während der Frühschichtabende. »Ich geh' noch mal in' Keller«, sagte Vater und zog die Korridortür hinter sich zu. Er schuf eine Landschaft, indem er Leinen mit Glasfaserleim bestrich. Ich stand mit dem Karton in der Hand vor dem Geheimnis nackter Hügel. Vier Abende später waren sie begrünt. Die Erstarrung des Leims faszinierte mich noch, als die Platte mit fünf Weichen im Kinderzimmer stand.

Am Abend des Ereignisses leuchteten die Häuschen, die winzigen Signale – zwei Züge der Spur H0 fuhren auf zwei Kränzen und einem Abstellgleis mit Güterwagen und Personenwagen durch Tunnel, durch Dörfer. Nichts fehlte. Mensch, Vieh, Bäume, Zäune – das Paradies auf der Platte wurde von emsigen Löcklein umkreist. Wir saßen an den Trafos, ließen die Züge schnell fahren, langsam fahren, vorwärts und rückwärts, schalteten nach links und rechts bis zur Entgleisung. Das Surren im schattenreichen Raum, der Eisenbahngeruch lockten Vater häufiger ins Kinderzimmer, das er sonst nicht ohne Anlaß betrat. In seiner Abwesenheit erweiterten Hubert und ich das Winterspiel um das Moment des Zugunglücks.

Der Kastendrachen war eine erstaunliche Konstruktion aus Pergamentpapier und dünnen Leisten, ohne den üblichen Schwanz. Er hing frisch bemalt am Einweckregal. Nachdem Vater zweihundert Meter Angelsehne besorgt hatte, ging es Sonntag vormittag zu dritt auf die windige Wiese vor dem Morgner. Vollkommen abgerollt hing die Sehne wie eine Spinnwebe schräg in der Luft – der Kastendrachen war nur noch als Punkt zu erkennen. Die Spule ging von Vaters Hand zu Huberts Hand. Ich zupfte an der Sehne und würdigte die Spannung. Als die Uhr zwölf geschlagen hatte, begann Vater die Landung vorzubereiten. Er wickelte und wickelte – das Flugobjekt wurde größer und zeigte sich in seiner ganzen Schönheit. Plötzlich verfiel es in einen wilden Tanz und raste mit mächtigem Flattern am Himmel hin und her – Vater versuchte es zu bändigen, indem er Sehne gab, vergeblich. Wie mit Absicht stürzte sich der Kastendrachen auf die Erde und zerbarst.

Vater konnte aus der Kraft seiner von der Erde geliehe-
nen Schwermut verschiedene Situationen ohne rohe
Gewalt auf den Punkt bringen. Zum Beispiel setzte er
jeglicher Auseinandersetzung darüber, ob ich abends
weggehen dürfe oder nicht, ein Ende, indem er – gar
nicht sonderlich laut – sagte: »Du bleibst mit dem Ar-
sche daheeme.«

Ein Wort gebrauchte er nur dann, wenn er seine Ver-
achtung ausdrücken wollte: »Flitzpiepe!« Wir saßen
beim Abendbrot. Der Hauptdarsteller im Fernsehfilm
juckte sich über die Maßen, so daß es auch mir an zahl-
reichen Stellen zu jucken begann. Ich hatte Vaters
Augenaufschlag zwar nicht übersehen, mußte aber
trotzdem zahlreich zurückjucken. Es wurde zum
Selbstläufer: »Du Flitzpiepe!« Ich fing eine ein, obwohl
er wußte, wie man von Bildern zu bestimmten Hand-
lungen verleitet wird. Stummfilme brachten ihn fast
um. Er bog sich vor Lachen und rutschte sogar einmal
vom Stuhl. Hubert und ich taten es ihm gleich, und
Mutter rief aus der Küche: »Ihr seid wohl verrückt geworden?!«

Hubert brachte irgendwann einen Tischtennisschlä-
ger aus der Schule mit, und Vater besorgte, sobald er
freie Tage hatte, das grüne Netz, ein Dutzend Bälle, drei
Schläger, nahm die Tischdecke ab, schraubte das Netz
am Wohnzimmertisch fest, schob die Bettchouch zusammen und stellte die Stuhlsessel darauf. Wir rannten

chinesisch um den Tisch. Mutter rief: »Ihr seid wohl verrückt geworden!«

Als Hubert eine Schallfolienpostkarte aus der Sowjetunion schickte, sagte Vater: »Jetzt kaufen wir uns einen Plattenspieler.« Mit der Entschlußkraft eines inspirierten Jugendlichen zog er los und kam mit der billigsten Zarge zurück. Aus dem Radiolautsprecher kratzte »Sorry, Susanne«, und Vater kommentierte: »Feine Sache.« Das Fenster stand offen, die gnädige Birke vor dem Haus zeigte der Sonne ihr Maigrün. Wir wohnten nicht mehr in der Mozart-, sondern in der Friedensstraße, nicht mehr bei Pätzens, sondern beim Tröger. Im Garten hinter dem Haus stand ein sehr hoher Birnbaum, auf dessen Spitze im Sommer jeden Morgen die Amsel sang.

Sonntags von zwölf bis dreizehn Uhr saß Vater im Bad auf dem Fußbänckchen, hatte die Tür hinter sich geschlossen und wienerte die Schuhe der Familie. Auf der Mittelwelle seines Transistors der Marke »SELGA« hörte er Blasmusik im Deutschlandfunk.

Der Krieg hatte die Karten neu gemischt und ein neues Wort geprägt: »Westverwandtschaft«.

Weida wurde von den Amerikanern befreit oder besetzt. In diesem Fall spielt das keine Rolle, weil die Amerikaner bald wieder abzogen, und die Russen kamen. Wäre der Westen nicht Osten geworden, hätte ich den Duft von Westpaketen niemals kennengelernt, diesen besonderen Duft, den ein Westpaket nur dann annimmt, wenn es in den Osten reist und im günstigsten Falle von Tante Luzie aus Hamburg kam, denn dann war es größer, schwerer und vielversprechender als eine Sendung von Tante Lisbeth aus Neuss am Rhein, die man trotzdem niemals verachtet hätte, schon wegen des Westkaffees nicht.

»Packen wir's gleich aus, oder warten wir bis Weihnachten?«

»Wir packen's gleich aus, vielleicht sind Apfelsinen drin.«

»Vielleicht.«

»Ich hab' ihr geschrieben, daß die letzten verfault warn.«

»Du kennst sie doch.«

»Woher soll ich sie kennen?«

»Hm.«

Mutter mußte immer schreiben, worüber man sich wie gefreut hatte, indem sie noch einmal die Geschenke mit den dazugehörigen Namen aufzählte:

69

»Das Perlonhemd paßt dem Georg, und er hat sich sehr darüber gefreut.« Untergründig bekam der Brief die Note des Rapports an Tante Luzie, Georgs Schwester, die Irmgard noch nicht kennenlernen konnte. Vaters Clan stammte aus Oberschlesien und Mutter mit der Familie Rosemann aus Niederschlesien. Es muß wohl in der Natur der Sache liegen, daß Frauen den Schwestern ihrer Männer zuweilen nicht ohne Vorbehalte gegenüberstehen. Es grummelte in Mutter und weitete sich, wie man sehen wird, erst dann zum offenen Konflikt aus, als es den Westen, den Osten und meinen Vater nicht mehr gab.

An sich war Westverwandtschaft ein Privileg. Die Westpullover leuchteten weithin und nährten die Bewunderung durch Mitmenschen ohne Westverwandtschaft. Bestimmte Kleidungsstücke konnten einen regelrecht erhöhen, zum Beispiel der Elastiktrainingsanzug mit hellblauem Oberteil, das man sich über den Kopf ausziehen mußte. Der Rollkragen war wie die Hose dunkelblau und lief v-förmig in die Vorderansicht. Darüber spannten sich zwei ebenfalls hellblaue Stege, geknöpft an zwei goldene Halbkugeln. Nicht selten kamen Mädchen zu mir und strichen über den Stoff. Der Anzug ähnelte in gewisser Hinsicht einer Uniform. Ich gebrauchte ihn nicht zum Sportunterricht, sondern behielt ihn mir »für gut«.

Die Teichwitzer Oma kriegte es als Mutter von Tante Luzie und als Tante Lisbeth' Schwester, wie man so sagte, vorn und hinten reingesteckt. Sie war es auch, die mir das metallene Spielzeugauto aus dem Westen mitbrachte, woran sich, wie ich ihr aufgetragen hatte, mindestens die Türen öffnen lassen sollten. Nach ihrer

Rückkehr vom Besuch bei der Tochter, währenddem sie natürlich auch Lisbeth, genannt »Dicksche«, ansichtig geworden war, fuhren wir nach Teichwitz, um die Aufmerksamkeiten aus einer schweren Tasche entgegenzunehmen. Danach gab es für Erwachsene eine gute Tasse Westkaffee. Ich saß mit dem Auto in der Hand am Tisch, öffnete und schloß die Türen, klappte die Sitze vor und zurück, ließ es wiederholt kurz über der Tischplatte fallen. Es hatte Federung. Zu allem Komfort konnte man auch noch die Motorklappe öffnen. Wenn man dem Ding auf das Dach drückte, schob sich ein kleiner roter Bolzen aus dem Miniaturmotorblock gegen die Klappe, so daß man per Fingernagel dazwischenkam.

Dicksche war ein Zweizentnerweib. Vater holte sie mit dem Motorrad vom Weidaer Bahnhof ab und fuhr sie nach Teichwitz. Nachdem ich Dicksche das erste Mal gesehen hatte, schien mir die Vorstellung, daß sie auf dem Sozius Platz gehabt haben sollte, unglaubhaft. Einmal beobachtete ich sie beim Aufsteigen und bewunderte Vaters Beinkraft.

Westbesuch genoß innerhalb der Ostfamilie einen Bonus auf bevorzugte Behandlung und Unterhaltung. Nachdem man sich bekannt gemacht hatte, waren alle Grenzen des Schamgefühls zerstäubt, als hätte man schon viele Jahre Schweine miteinander gehütet. Grundlos sagte Tante Lisbeth beim Kartenklitschen »Knallkopf« zu mir. Mit sieben Jahren nimmt man Worte wie dieses aus dem Munde einer fast unbekannten Erwachsenen ernst. Ich ließ es ihr einmal durchgehen und auch noch ein zweites Mal. Nach dem dritten Mal bat ich sie in einen anderen Raum und

drohte: »Noch einmal und ich sag' ›Dickbauch‹ zu dir.«
Das hatte scheinbar nicht gesessen, denn sie lachte, als
könnte ihr dies nichts anhaben, und als wollte sie mich
testen, krönte sie ihre Heiterkeit mit: »Knallkopf.« Ich
brachte meine Erfindung an, indem ich die erste Silbe
scharf betonte. Sie beugte sich an mein Ohr und sagte
leise: »Das sagst du aber nur, wenn wir alleine sind.«
Dann titulierten wir uns ausgiebig. Sie hörte erst damit
auf, als Oma rief: »Dicksche!«

Tante Luzies vorrangigstes Interesse während ihres
ersten Besuchs galt meinem Genitalbereich. Irgend
jemand muß ihr verraten haben, daß ich vor kurzem
beschnitten worden war. Seitdem nervte sie mich, daß
ich ihr meinen Secher, denn dieses Wort gebrauchte sie
dafür, unbedingt zeigen müsse. Wir saßen am Teichwitzer Waldrand unterm hellen Rauschen der Kiefern
zusammen auf der Decke. Weich polsterten die abge-
fallenen Nadeln den Grasboden. Da forderte mich
Tante Luzie erneut. Ich wollte endlich meine Ruhe haben, ging mit ihr abseits und ließ die Hose runter. Sie
sagte nichts, sie nickte nur.

Tante Luzie brachte Uschi mit, ihre Tochter, welche
in einem norddeutschen Akzent, vom schlesischen
Klang der Eltern erwärmt, sehr schön sprach. Ich fühlte
mich zu ihr hingezogen und ging auf das Spiel ein, mir
am Dorfteich die Augen verbinden zu lassen und mich
ihrer Führung in die braune Entenbrühe anzuver-
trauen. Dann stand ich bei Oma nackt in der Wasch-
schüssel, Tante Luzie wusch meine Sachen, und Uschi
heuchelte, daß sie es nicht mit Absicht getan habe. Mir
schien es so, als hätten alle drei Generationen den Mittelpunkt der Welt auf meine Narbe verlegt, worauf sie

ungeniert starrten. Oma orakelte: »Die Irmgard wird schimpfen, wenn sie das erfährt« und bügelte meine Wäsche trocken. Tante Luzie schlug vor: »Mußt es ihr ja nicht erzählen.«

»Ich bin eine lustige Nudel«, sagte sie von sich selber. Darin bestand wohl auch der Grund, weswegen sich Irmgard ausgestoßen fühlte, wenn sie in der oberschlesischen Runde saß, die alles leichter nahm, als es in Niederschlesien üblich gewesen ist. Sie bemühte sich sehr, es der Westverwandtschaft recht zu machen. Die Tische bogen sich, wenn die Tanten zu uns zum Essen kamen. Mit dem Westbesuch stieg automatisch der Lebensstandard. Tante Luzie frönte der Leidenschaft des Einkaufens und zeigte Irmgard, was die sich nicht leisten konnte. Solche Behandlung war dazu geeignet, bei Irmgard das Gefühl der Minderwertigkeit zu nähren. Sie versuchte es zwar durch perfekte Haushaltsführung wettzumachen, da sie aber dazu noch Tante Luzies abgelegte Sachen tragen mußte, wurde es ihr schwer, der Gleichheit Banner hochzuhalten. Trotzdem schrieb sie die Danksagungen weiter, weil sich ihr Mann, um dessen Verwandtschaft es sich ja eigentlich handelte, nicht dazu bewegen ließ.

Es gab im Osten den Brauch, Vierzehnjährige der Jugend zu weihen, für Tante Luzie Anlaß zum Besuch, denn ich war vierzehn geworden. Sie saß zur Festveranstaltung im Haus der Einheit mit der Handtasche auf den Knien in der ersten Reihe hinterm Gang und hatte ihr Gesicht des ernsthaften Interesses aufgesetzt, das keinen Deut davon verrät, was hinter ihrer Stirn vonstatten geht. Ein Redner redete. Seine rote Zunge wischte über unsere zu weihenden Köpfe. Wir mußten sagen: »Ja, das geloben wir« und marschierten nach einer während zweier Nachmittage eingeübten Ordnung reihenweise auf die Bühne. Dort schüttelte uns der Redner die Hand und überreichte jedem Jungen und jedem Mädchen das Buch »Weltall, Erde, Mensch«. Das Festmahl nahmen die Familien separat in den besten Weidaer Gasthäusern an langen weißen Tafeln ein – ein Ereignis von violetter Farbe. Alle erinnerten sich ihrer besten Tischsitten und versuchten gerade zu sitzen. Man führte den Löffel zum Mund und ließ noch einen Rest auf dem Teller. Der Kellner trug einen schwarzen Frack. Diesen rief Tante Luzie zu sich. Sie deutete auf die Schmeißfliege in ihrem Sektglas. Au, war ihm das peinlich. Er entschuldigte sich, als hätte er ihr die heiße Blumenkohlsuppe in den Kragen geschüttet. Da fingerte die Tante das vermeintliche Insekt aus dem Gewässer und hielt es dem Kellner unter die Nase. Der zuckte zurück, bevor er des Hinterhalts gewahr wurde. Dann näselte er verächtlich: »Immer diese Scherzartikel aus dem Westen.« Tante Luzie kicherte entzückt, die anderen am Tisch schauten nach unten, bis auf Onkel Alfred, der vollständigkeitshalber Erwähnung finden soll.

Tante Lisbeth starb, Vater starb auch, der Osten wurde wieder Westen, und das Wort »Westverwandtschaft« fiel als totes Blatt vom Jahrtausendbaum. Tante Luzies Amüsierwille blieb ungebrochen. Sie bestürmte meine Mutter, die gar nicht mehr so recht wußte, was sie mit ihr anfangen sollte. Tante Luzie wollte mit ihr nach Alpach in Tirol reisen. Mutter verwahrte sich davor: »Was soll ich'n dort. Die will doch sowieso nur Kartenklitschen.« Jeden Sonntagabend riefen sie sich an, bis Tante Luzie frohlockte: »Ich komm' dich besuchen.« Da offenbarte sich der Stachel endlich. Mutter wehrte ab. Tante Luzie, zäh wie sie war, ließ sich davon nicht beeindrucken und setzte sich in den Zug. Sie hielten es vier Tage miteinander aus, gingen zu Lotte und Alfred, in den Garten und auf den Friedhof. Auf dem Weg zum Bus mußten sie an einem stillgelegten Teppichwerk vorbei. Mutter, die sich täglich darüber ärgerte, daß die Teppichbude mit eingeworfenen Fensterscheiben, verwaist und verkommen, ihren Busweg säumt, sagte mehr mit dem Ton der Erschütterung als im Fremdenführerjargon: » Guck dir das an.« Tante Luzie erwiderte vollkommen taktlos: »Na und?« Damit war die Sache für Mutter erledigt: Wer kein Mitleid hat, soll fernbleiben. »Man kann ja mit ihr über gar nichts reden«, kommentierte Mutter das Geschehen, »was solln das noch.« Folgende Szene ging dem Abschied voraus: Tante Luzie hatte neben Mutter im Ehebett geschlafen und wollte die Bettwäsche ihrer Hälfte am vierten Morgen abziehen. Mutter kam aus der Küche gelaufen, riß ihr den Bezug aus den Händen und sagte erbost: »Bring mir meine Ordnung nicht durcheinander!«

Der Krieg hatte Menschen zusammengebracht, die verschiedener nicht sein konnten, und wie selten vermochten sie es, aufzustehen und zu gehen. Im Falle der beiden Damen ist nicht bekannt, daß sie sich ein weiteres Mal ins Benehmen gesetzt hätten.

Mutters Vater war drei Jahre lang mein Opa. Weil er die Flucht nicht verkraften konnte, starb er an einem Herzinfarkt im Eisenbahnerhaus. So jedenfalls sprach die Frau, welche als erste nach dem Pfarrer eine Handvoll Erde auf Opas Sarg geworfen hatte.

In Schlesien wohnte Gustav auf seinem Hof, in seinem selbstgebauten Haus mit Anna und fünf Kindern als Selbsternährer. Im Stall stand die milchgebende Kuh und das fleischspendende Schwein. Über den Hof liefen die aufgeregten Hühner, wenn die jüngste der Töchter, Irmgard, Körner streute, während Gustav mit Zigarre unterm Schnauzer neben Anna zum Feierabend auf der Bank saß.

Opa wäre nicht im Eisenbahnerhaus gestorben, wenn er in Schlesien nicht als Schrankenwärter an einer Strecke gen Osten gearbeitet hätte. In der Zeit, als Opa nie mit »Heil Hitler« grüßte, ging er nachts zur Schicht und sah die Züge ins KZ an seiner Schranke vorüberrollen. »Die kommen jede Nacht«, soll Gustav zu Anna gesagt haben.

Er hatte zwei Söhne im Krieg, die sich auf einem Dresdener Bahnhof von einander entgegengesetzten Transporten zuwinkten. »Ich habe den Erich gesehn«, schrieb Jorg, der ältere Bruder, nach Hause. Kurt, der Mann der ältesten Tochter, Hilde, mußte an die Ostfront, und der Freund der mittleren Tochter, Lotte, fuhr als Kanonier mit einem Panzer davon. Alles Denken

76

und Tun Opas war mit dem Krieg verstrickt. Er spürte dessen Bewegungen am Stahlpuls der Gleise. Die Post brachte ihm Nachricht von Erichs Tod bei Wjasma. Bevor Opa am Tag der Flucht aus dem Haus zur Schranke ging, stand er mit Tränen in den Augen vor Anna und sagte: »Wir werden uns hier nie wiedersehn.« Er sprang als letzter auf den letzten Zug gen Westen und ließ alles zurück, bis auf einen Kessel Schweinefleisch, das er an die Flüchtlinge verfütterte.

Die Augen bewahrten mir zwei Erinnerungen an Opa. Weder Geruch, noch Geschmack, noch Gehör vermögen den Bildern zuzuarbeiten. Bei größerer Konzentration hebt ein Mulmen in der Magengrube an, als würde man in einen Strudel gezogen: Ich sitze mit Hubert auf dem Küchentisch im Eisenbahnerhaus, davor sitzt, uns den Rücken zugekehrt, Opa, dessen graues spärliches Haar wir kämmen. Die andere Erinnerung findet im Innern eines Haselnußstrauches statt. Opa steht mehrere Verästelungen weiter vorn. Eigentlich sehe ich nur mich, wie ich versuche, durch das bereifte Unterholz zu kommen. Später sagte ich, danach befragt, ob ich mich an Opa erinnern könnte: »Wir wollten einen Stock abmachen.«

Opa begründete das Familiengrab. Durch seinen Tod erhielt Erichs Name einen Platz auf dem Stein – unten, damit Anna noch dazwischen paßt.

Mutters Mutter trug einen besonderen Ring. Er war das Wunder meiner Kindheit schlechthin. Sie trug ihn immer und wurde sogar damit begraben, skythinnengleich. Falls man irgendwann nach ihr gräbt, wird der Ring an ihrem Finger zu finden sein.

Wenn ihr Bäuerinnenhof im schlesischen Thomaswaldau etwas abwarf, fuhr sie mit der Eisenbahn zum Markt nach Bunzlau. Eines Tages, im dritten Kriegsjahr, schlug die Waggontür zu, obwohl der Ringfinger dazwischenklemmte. Noch auf dem Bahnhof mußten ihr russische Zwangsarbeiter Opas Ehering vom gequetschten Finger kneifen. Weil der Zug nun weg war, beschenkte sie die hungrigen Helfer mit ihrem Brot und frischen Eiern. Die Männer bedankten sich eine Woche später, als Oma wieder in den Bahnhof eintrat. Sie standen in Doppelreihe auf dem Bahnsteig und sangen ihr die Warschawjanka dreistimmig. Oma konnte nicht anders – sie gab ihnen den Korb auch diesmal. In der Woche darauf gab es den Chor der Donkosaken, sieben Tage später erklang die tragische Weise von Wstawaij strana agromnaja. Oma hörte monatelang die schönen Lieder und bedankte sich dafür korbweise.

Als die Wunde verheilt war, steckte ihr einer der Russen jenen Ring auf den Finger. Er hatte ihn aus einem Groschen gefeilt. In ihrer Rührung wollte Oma den etwas engen Ring nicht sofort abziehen. Am Abend war die Narbe schon wieder angeschwollen, und später war der Finger einfach zu dick geworden. Nicht so dick, daß sie den Ring hätte abkneifen lassen müssen, aber eben zu dick, um ihn aus der Kerbe über den Knöchel des zweiten Gelenks in die linke Hand gleiten zu lassen.

So hatte sich die Geschichte geschrieben. Ich gab sie meiner Mutter zu lesen. Die empörte sich darüber: »Das war doch ganz anders.« Ich beruhigte sie scheinbar, indem ich sagte: »Das ist die Freiheit des Erzählers, Mutti.« Damit gab sie sich vorerst zufrieden. Ich wußte, daß es sie wurmte, hatte es aber schon wieder vergessen, als sie sich beim nächsten Telefongespräch beschwerte: »Die Geschichte mit meiner Mutter habe ich dir anders erzählt. Wenn es so gewesen wäre, wie du es geschrieben hast, wäre sie doch ins KZ gekommen.«

Ich hätte zumindest dies beschworen, daß Oma mit dem Groschenring am Finger beerdigt worden ist. Der Grund dafür liegt wahrscheinlich darin, daß mir Oma in meinen frühen Jahren selbst von ihrem Groschenring erzählt hat, weswegen sie für mich, trotz nochmaliger, diesmal mütterlicher Schilderung in jüngerer Zeit, beinahe auf immer damit verbunden geblieben wäre. Die Worte »Ring, aus einem Groschen gefeilt« waren gefallen. »Das war doch ganz anders«, summt es mir im Ohr.

Opa hat das Korn gehauen, Oma mußte die Garben raffen. Dabei verlor sie ihren Ehering. Wenn beide in den nächsten Wald gingen, um Stöcke zu roden, trafen sie russische Gefangene, die auf dem angrenzenden Feld arbeiten mußten. In Martinwaldau waren serbische Zwangsarbeiter, in Thomaswaldau russische. Oma steckte einem Russen heimlich Brot zu. Irgendwann gab er ihr den Groschenring, und fortan trug sie ihn am Finger.

Wie allerdings kam es zu der Narbe, deretwegen ich bei Oma nachgefragt hatte, da sie von sich aus nichts erzählte. Als der Flüchtlingszug mit meiner Mutter, Irmgard, und ihrer Mutter, Anna, auf dem Bunzlauer Bahnhof ankam, rief Irmgard zu Anna: »Dort steht die Hilde mit der Annemie.« Anna drängte sich zur Tür durch, öffnete und wollte die Tochter mit der Enkelin hereinrufen. Irmgard hatte sich getäuscht, draußen standen andere. Im Gedränge schob jemand die Zugtür zu. Die quetschte ihr den Groschenring ins Fleisch, wodurch der Finger anschwoll. Auf dem Kolfurther Bahnhof ist Frau Hindemith mit Anna einen Arzt suchen gegangen. Dieser hat den Ring dann durchsägen müssen. Nur die Narbe davon nahm Oma mit ins Grab.

Vielleicht wäre es klüger, keine Vermutungen darüber anzustellen, wie der Russe an den Groschen gekommen ist, denn Kriegsgefangene hatten kein Geld. Die hohen kriegführenden Mächte standen sich gegenüber – Anna am Waldrand, am Feldrain Sergej, während Opa am Wurzelstock sägte.

»Ist das dein Mann?«

»Ja.«

»Hast du keinen Ring?«

Sie lieh ihm den Groschen für die Zeit, in der ein vorsichtiges Feilen durch des Großbauers nächtlichen Gefängnisstall surrte.

Ausnahmsweise blieb der Abwasch nach dem Abendbrot stehen, weil Mutter erzählte, wie Onkel Kurt aus
Gefangenschaft gekommen war: »Das Bild vergeß' ich
in meinem Leben nicht. Nach 'ner Weile kam die Annemarie als Enkelkind zu Oma zum Mittagessen. Die
war ja schon sieben Jahre alt, als wir geflüchtet sind.
Der Eckard, vom Jorg und von der Else, ging noch in 'n
Kindergarten. Die Annemie ging ja schon in die
Schule. Sie kommt zur Türe rein und sieht die Mütze
am Haken im Flur, so 'ne Pelzmütze, wie sie die Russen hatten.« Mutter hatte sich vollkommen in die Situation versetzt und fing an dieser Stelle zu weinen an.
    Aufgewühlt sprach sie weiter: »›Mein Vati!‹ hat die
Annemie gerufen. Du kannst dir nicht vorstellen, wie
die geschluchzt hat. Sie ist dem Vater um den Hals gefallen, hat geschluchzt: ›Mein Vati, mein Vati, ich hab's
ja gewußt, daß du wiederkommst, ich hab's ja gewußt.‹« Mutter atmete tief durch. »Als ich dann wieder
ins Geschäft gegangen bin, hatten sie inzwischen die
Hilde benachrichtigt. Die hat damals in der Jute gearbeitet und rannte heim. Ich hab' sie auf der Straße getroffen. Sie hat am ganzen Leib gezittert.« Mutter
schwieg und sagte leise, aber deutlich: »Und wenn du
dir dann überlegst, was das für ein Ende genommen
hat.«
    Ich dachte: »Hoffentlich macht sie das Licht jetzt
nicht an« – Mutter sitzt nicht gern im Dustern –, da fuhr

sie fort: »Weißt du, es ist ja dann auch so schwer gewesen für die Frauen. Die waren inzwischen gewöhnt, ganz selbständig zu sein, die Flucht und alles, alles, alles, alles alleine bewältigt. Und die Männer, die vielen Jahre Gefangenschaft, die kamen ja hier mit dem Leben dann gar nicht mehr gleich zurecht. Das hat der Hilde zu lange gedauert, bis der Kurt alles überhaupt begriffen hatte. Die Soldaten haben ja wahrscheinlich gedacht, wenn sie mal heimkommen, werden sie in die Heimat entlassen. Jetzt werden die entlassen und sind hier im Fremden. Da mußt du dich auch hineinversetzen.«

Ich fragte: »Und die Annemie hat an der Mütze erkannt, daß ihr Vater da ist?« Mutter holte weiter aus: »Die Annemarie hat jetzt bei ihrem Vater zum achtzigsten Geburtstag 'ne Rede gehalten. Das müßtest du dir mal anhören können. Das hat der Wolfgang, der mit der Katrin* zusammen war, aufgenommen. Da kannst du 'n ganzen Film sehen, wie wir dort sitzen, und da hat die Annemie gesagt: ›Als ich heimkam und die Russenkappe hing im Korridor, dachte ich: ›Na, was hat sich der Eckard da für 'n Spaß erlaubt, bei der Wärme, 'ne Pelzmütze.‹ Sie hat gedacht, der Eckard war's.« Mutter mußte lachen. »Ne, ne, sie hatte keine Ahnung, erst als sie im Zimmer stand.«

»Hat sie ihn gleich erkannt?«

»Na, klar.«

»Hast du nicht mal gesagt, daß der Kurt einen Wasserkopf hatte, als er aus Kriegsgefangenschaft kam?«

»Der Kurt nicht, der Jorg.«

* Annemaries Tochter (Anm. d. A.).

»Ach, der Jorg.«

»Der Jorg ist doch schlank. Als er kam, war er so ein Plötzer«, sie zeigte das Ausmaß an ihrem Kopf, »der Jorg war richtig dick. Aber das hat vier Wochen gedauert, da war das alles weg.« Sie lehnte sich zurück und stöhnte: »Na ja, das warn Zeiten.« Wir sahen uns nur noch in Umrissen, zwischen uns der Wohnzimmertisch. Mutter erinnerte sich an den Tag, als ihr Bruder, Jorg, aus der Kriegsgefangenschaft heimgekommen ist: »Einer hat's unsrem Vater gesagt: ›Der Jorg wär' schon in Gera.‹ Wir haben ja alle in einem Zimmer geschlafen, die Lotte und ich und die Eltern, alle zusammen in einem Zimmer. Der Vater hatte Nachtschicht und kommt früh, bevor wir aufgestanden sind, zur Türe rein und macht ein ganz freudiges Gesicht. ›Du freust dich ja so, der Jorg ist wohl da?‹ hat ihn Mutter gefragt. Das hat die im Gefühl gehabt. Der Vater sagte: ›Nein, er ist noch nicht da, aber er kommt.‹ So schnell wie den Früh warn wir noch nie alle Mann aus den Betten. Er kam mit dem ersten Zug. Wie wenn wir beim Jorg Schlange gestanden hätten, die Mutter, die Lotte, ich, haben wir uns abgedrückt. Der Jorg war paar Tage da, da fuhr er schon auf den Schlachthof arbeiten. Ich glaube, der war nach der Gefangenschaft nur vierzehn Tage daheeme. Der hat dort angefangen und, bis er siebzig wurde, dort gearbeitet.«

Wieder in der Gegenwart angekommen, sagte Mutter: »Wir sitzen ja im Dustern«, stand auf und ging zum Lichtschalter.

»Ach, Mensch, da kam einmal ein Neger rauf auf'n Schenkenberg. Und wir hatten doch alle Angst, wir hatten doch keine Ahnung von irgendwas. Da sind wir ganz bei Schröters bis 'nauf gerannt, und dann wußt'n wir nicht mehr, wo wir hinsollt'n. Da sind wir die Treppe runtergeschlichen und hinten zum Fenster 'nausgesprungen, die Gärten runter und haben amerikanische Soldaten hochgeholt. Wir haben gesagt: ›Neger, Neger‹, und die haben gelacht, die wußten nicht, was wir wollten, die haben das wahrscheinlich nicht verstanden, also, und« – hier faßte sich Mutters aufgeregte Stimme – »das war ein ganz, ganz harmloses Kerlchen, verstehst du, warum wir da … Wir hatten halt alle Angst.«

Ich setzte hinzu: »Na, vor Negern ja sowieso, das gab's ja damals nicht.«

Mutter erwiderte: »Na ja, das hast du halt nicht gekannt.«

Die Oma mit dem Groschenring bewohnte seit dem Tod ihres Gustav eine Höhle im Sockel des Schenkenbergs. In der dunklen Behausung mit dem Fenstergitter aß sie als schwarzes Schaf der vertriebenen Herde ihr Gnadenbrot aus schimmelnden Schränken, zog von Berg zu Berg und ersuchte ihre Kinder um Asyl.

Als sich alles Mitleid von ihr abwandte, wurde sie streitsüchtig bis aufs Blut. Während ihren vier Kindern von Jahr zu Jahr immer weniger fehlte, verödete Omas Leben zusehends, verdüsterte sich der Schleier über ihren grauen Augen. Sie brachte die jüngste Tochter zum Heulen, den Sohn dazu, sie auszusperren, und mußte ins Altersheim zu einer ins Zimmer, die, ebenfalls vom Schicksal verbittert, mit Oma haderte.

»Mit der halt' ich's nicht aus«, fluchte Oma auf den Spaziergängen, seit sie von ihrer anderen Zimmerhälfte mit dem Wecker beworfen worden war. Die Heimleitung fackelte nicht lange und schob Oma in eine Außenstelle nach Münchenbernsdorf ab. Sie wußte nicht, was sie da noch sollte, und kam heim ins Familiengrab mit Goldschrift unter Gustav.

Roman, der Pole, soff wie ein Loch. Ich kannte keinen Deutschen, der ihm gleichkam. Roman war der Mann von Agnes, Vaters Cousine und Tochter von Onkel Peter, dem Bruder des Teichwitzer Opas. Onkel Peter hatte die Flucht in Kriegsgefangenschaft verpaßt und war in Oberschlesien geblieben. So hatte Opa am anderen Ende der Welt einen Doppelgänger – die gleiche Hakennase, ebensolche Schaumschlägerohren, das gleiche Schweigen beim Sitzen mit hängenden Schultern. Nur daß Onkel Peter von Zeit zu Zeit polnisch redete und dünner als Opa war. Seine Gesichtshaut spannte sich schon im Leben wie die von Opa nach dem Tod.

Ich mußte mich überwinden, bevor ich den Raum betreten konnte, wo Opa zur Ansicht aufgebahrt lag. Opa war der erste Tote meines Lebens. Er wirkte im wahrsten Sinne des Wortes wie eine sterbliche Hülle. Sein Geiergesicht ragte als schroffes Gebirge aus dem Federkissen. Er war in den vier Tagen Tod schon reichlich abgemagert. Der Gewichtsverlust entsprach vielleicht dem Schwund durch Opas Seelenauszug.

Wäre Onkel Peter zur Beerdigung erschienen, hätte uns die Ähnlichkeit verblüfft. So wie Opa plötzlich nicht mehr da war, war Onkel Peter plötzlich da. Nachdem wir tausend Kilometer im gemieteten Wartburg, den Kofferraum voller Sachen zum Anziehen, gefahren waren, öffnete er uns die Haustür und lachte mit geschlossenem Mund – genau wie Opa. Wir saßen zur Begrüßung in der Küche. Agnes huschte zwischen den Möbeln umher, Roman schenkte nach, Onkel Peter hüstelte, Vater tat leutselig, Mutter versuchte Agnes zur Hand zu gehen, Hubert las die Autokarte, ich betrachtete den Doppelgänger und wunderte mich darüber, was »Bruder« alles bedeuten kann: Wie aus dem Gesicht geschnitten.

Als meine erste Auslandsreise führte der Schlesienbesuch zu Erlebnissen, die sicher der großen Entfernung zu danken sind. Vater mußte am Ortseingangsschild seiner Geburtsstadt anhalten. Er sagte später: »Es hat mich geruppt.« Ich mußte mitheulen. Hubert, der rechts neben mir auf der Rückbank saß, sagte zu mir: »Warum heulst'n du?« Ich dachte, ich hör' nicht richtig, und spürte seine Abgewandtheit im Magen.

Er hatte mir diese Seite der Brüderlichkeit schon einmal gezeigt, ebenfalls als wir nicht zu Hause wohnten: Während unserer gemeinsamen weißen Tage im Zweibettzimmer der Hals-Nasen-Ohren-Klinik in Gera, wo ihm eine und mir beide Mandeln herausgenommen werden sollten. Hubert hatte nicht etwa von Natur aus nur eine Mandel, nein, er lag schon einmal unterm Messer. Der Chirurg hatte wohl nach der ersten Mandel die Lust verloren oder Feierabend. Wir wurden zur selben Stunde operiert. Als ich aus der Narkose erwachte, saß Hubert bereits im Bett und fragte mich, ob ich ahne, wie spät es sei. Ich brachte keinen Ton heraus und versuchte, ihm mit der Hand am Hals und weit geöffnetem Mund meine Lage zu zeigen. Der Vorgang wiederholte sich noch einmal. Darauf zeigte er mir den Vogel und sagte: »Bist'n Arschloch.«

In Oberschlesien wohnten wir auf dem Bauernhof bei Agnes' Familie. Romans Augen glühten unter dem Schleier des Alkohols. Er griff zur Axt und erschlug ein Schwein, zuerst mit der stumpfen, dann mit der scharfen Seite. Wir trugen das gute Blut eimerweise in die Waschküche. Roman führte das Pferd aus dem Stall. Zum Aufzäumen stand es nicht still. Er holte mit seinem Stiefelfuß aus und trat es in den gewölbten Bauch. Vater rief: »He, he, he!« Roman tat so, als hätte es sein müssen. Mutter sagte zu Vater in der Schlafkammer: »Der schlägt bestimmt auch die Agnes.« Vater konnte es sich nicht vorstellen.

Hubert und ich durften reiten. »Wann bin ich dran?« rief ich ihm die Dorfstraße nach. Er trabte weiter, wendete, kam zurück, drehte wieder um und gab keine Antwort. Er saß auf dem hohen Roß. Ich sprang ihm an die Wade und glaube, ihn gekratzt zu haben, obwohl er so tat, als kümmere es ihn nicht. Ich durfte nur eine Wende reiten, dann kam Roman vom Hof und setzte Hubert wieder hinten drauf.

Wir fuhren mit dem Wartburgkofferraum voller Essereien aus Polen zurück: leberwurstgefüllte Einweckgläser, Schweinefleisch, tote Hühner, Enten und einhundert Eier. Auf regennasser Straße verlor Vater die Kontrolle. Das Auto rutschte mit uns und all den leckren Sachen heckvoran in den Straßengraben. Kein Ei kam zu Schaden, was zur Schlußpointe sämtlicher Erzählungen über den Schlesienbesuch herhalten mußte.

Agnes und Roman besuchten uns bald darauf in Weida. Sie waren viel in der Stadt unterwegs, um ihre langen Einkaufszettel abzuarbeiten. Roman trug einen

Anzug. Die Krawatte öffnete er nur dann, wenn er offiziell etwas getrunken hatte. Vater ermunterte ihn dazu, das Jackett auszuziehen, und vergaß nicht nachzuschenken. Roman krempelte seine Hemdsärmel hoch und sang sehnsüchtig ein polnisches Lied. Wir fragten Agnes, wovon es handelt. »Na, wovon, von der Liiebe«, sagte sie, während Roman schon weitertrank.

Einen wesentlichen Teil meiner Kindheit verbrachte ich beim Kartenspiel. Egal was gespielt wurde, immer ging die Post ab. Die leidenschaftlichsten Runden entstanden, wenn die Teichwitzer Oma im Spiel war. Da flogen die Karten über den Tisch, und wenn sie drei Richtige beisammenhatte, schrie sie: »Hosen runter!«

Sie bewohnte mit August, dem Kesselschmied und Schuster, zwei Zimmer über den Stallungen am Teichwitzer Dorfteich. Hinter der Brettertür ging es über die dunkle Stiege in einen langen Gang, dessen erste Tür steil hinauf ins Gebälk führte. Vielleicht weil der Keller fehlte, wagte sich Opa den engen Paß nach oben und baute dort unter anderem jenen trickreichen Geruchsverschluß aus Schaumgummi und Zellophan für das Plumpsklo. »Hast du den Stöpsel herausgezogen«, fragte Oma über die Jahre. Sie stand in der Küche und wusch ab.

Die bestimmte Stimmung kam mit Lola und Maria und Krotsch, Marianne. Lola war schlank, um die sechzig, unter schwarzem Krempenhut und Tüll über den Augen. Sie rauchte Zigaretten mit Spitze und sah aus wie der bleiche Tod. Sie muß Marias Lippenstift benutzt haben, die untersetzt und breitmäulig neben ihr saß, ohne Spitze, in vergilbter Tigerfelljacke. Lolas dunkle Stimme hob sich angenehm von Marias Quäken ab. Am angenehmsten klang Krotsch, Mari-

90

anne. Dick und in Schürze rollte sie ihr: »August, bring a mo moo de Zeidung.«

»Immer das Kartenklitschen«, nur Mutter saß abseits. Vater hatte sie ermuntert, das Strickzeug mitzunehmen. Der Fernseher wurde ausgemacht, und es ging los: »Wasch dir mal die Hände«, mußten sich die Gebenden von Oma anhören. Lola trug schwarze Fingerhandschuhe und zuckte mit der Wimper. Oma blickte zu ihr auf, bevor sie triumphal die Karten hinschmiß: »Hosen runter!« Mutter schimpfte auf dem Rückweg: »Immer diese gemeinen Ausdrücke.«

Als Oma den Verstand verlor, es war ihr siebzigster Geburtstag, saßen wir wieder in der Runde. Sie rief bei jeder Gelegenheit: »Das ist mein Tag.« Nicht lange danach brachte man sie in einem besonderen Altersheim unter.

Dreimal noch lief sie nachts in Mogenrock und Hausschuhen über die Felder in Richtung Teichwitz, dann war ihre Uhr abgelaufen.

Wohin mit dem Zeug in Teichwitz, wenn Opa tot ist und Oma in Burkersdorf ihr Sterbchen machen wird. Wohin mit dem über dreißig Jahre angesammelten Kram, der zum Leben gehörte, wie der Pfriem zum Schuster.

Vater, der Sohn, hatte es wegzumachen. Ich ging ihm zur Hand. Wir fuhren mit der Pritsche vom Schacht die Landstraße zur Fortuna hinaus. Fortuna hieß der Gasthof, den man nur noch gerade so zu Weida rechnen konnte und den wir immer rechts liegengelassen hatten, wenn wir mit der Karre zur Teichwitzer Oma gefahren waren. Die Großeltern waren nach dem Krieg in das Gehöft am Dorfteich gezogen. Unter den schwarzen Dachschindeln wurden sie alt, während sich der Hausrat verjüngte. Die nicht mehr benutzten Geräte fanden im Nebengelaß ihre Ruhestätte.

»Die hätten wirklich immer mal ausmisten können«, sagte Vater und spuckte in die Hände. Wir warfen einen Teil zum Fenster hinaus direkt auf die Pritsche und trugen die wenigen Erbstücke für eine zweite Fahrt die Stiege hinunter, denn zuerst ging es auf den Schutt. Die Küche hörte auf zu existieren, nachdem die Standuhr ihren Platz aufgegeben hatte, das Schlafzimmer gab es nicht mehr, als die marmorierte Lampe abgeschraubt war, die tickenden Schränke Teichwitzer Nächte zerlegt ihr Heim durch das Fenster verlassen mußten. Es folgte eine stille Fahrt, die damit endete, daß wir schweigend Stück für Stück in jenem hohen Bogen ins Nirwana der Dinge beförderten, den uns das Gewicht zuließ, während Vater von Zeit zu Zeit die Nase hochziehen mußte.

Er selbst lag auf dem Sterbebett und raufte sich die Haare, wenn er an den Berg dachte, den er seiner Irmi zurückläßt.

Der Wunsch, einmal richtig Glück zu haben, verließ Vater erst, als seine Krankheit im inneren Massiv »Unmöglich« schrie. Bis dahin brachte er Woche für Woche die Lotteriescheine an den Schalter zum großen Wurf. Mutter schätzte auch die kleinen Fische: »Freu dich doch, Lotterieschwede. Da hast du umsonst gespielt.«

Sie kannte den Film: Ein armer Mann verlor seine Arbeit im Berg. Er besaß weiter nichts als ein Los und hoffte, wie man nur unter besonderen Bedingungen zu hoffen versteht, daß es bei der Jahreslotterie gewinnt. Doch der Mann verspielte das Los beim Würfeln an den Bergwerksbesitzer. Am Tag darauf wurde bekannt, daß er gewonnen hätte. Der Lotterieschwede sprengte sich im Stollen in die Luft. Den Film sahen wir familiär zweimal mit acht am Ende nassen Augen. Die letzten Bilder zeigten den lachenden Reichen, eine weinende Frau und meine Mutter, die aufstand, um Zellstoff aus dem Bad zu holen.

Vater trug auf dem Schacht Verantwortung für die Brigadekasse, aus welcher Dutzende Lottoscheine finanziert wurden, um das Glück zahlenmäßig zu überrumpeln. Bestenfalls bekam er den hundertfachen Einsatz heraus. Von zaghaft tröpfelnden Ereignissen nicht genug erfrischt, gespannt zum Sprung an die Oase, saß er pünktlich am Radio und hörte die Meldungen ohne Gewähr.

Einmal sagte er: »Da hatte ich aber Glück, daß ich

noch so eine schöne Frau bekommen habe.« Mutter trug ihr Kleid mit den schönen Falten und ging im Duft von Echt Kölnisch Wasser, frisch frisiert, an seinem Arm zum Kameradschaftsabend. Es war das einzige Kompliment ihrer Laufbahn. Sie tanzten die ganze Nacht, und Vater hieß Walzerkönig.

Zehn Jahre nach seinem Tod kam im Keller ein Kocher zum Vorschein, ein schuhgroßes Aluminiumding mit Steckdose. Was ich unter dem Einsatz fand, verschaffte Mutter mehrere schlaflose Nächte: neunhundert Mark verfallenen Geldes. »Was wollte er damit?«

Vielleicht sparte er heimlich auf den ganz großen Einsatz.

Mutters Blick ist klar, wenn sie ihr Lieblingsgedicht zu rezitieren beginnt:

»Mein Weida im Tale, wie liegst du so schön
umgeben von Bergen und waldigen Höhn,
wie trotzig der Bergfried zum Himmel tut ragen,
von Freud' und Leid des Städtchens er viel könnte
sagen.
Mein Blick schweift hinunter, horch, Glockengeläute,
oh, sonniger Morgen im Sommergeschmeide,
ihr Schlote, ihr Hallen, ihr fleißigen Hände,
daß Friede und Freude stets zu euch sich wende,
und wenn ich mein Weida einst scheiden muß,
ein Blick noch, o Heimat, ein letzter Gruß.«

Am Ende sind ihre Augen gerötet.

Der Besucher nennt die Berge »Landschaft« und die Täler »schön«. Er frißt mit den Augen. Man hat ihn nicht über das Loch im Verlies der Osterburg gehalten, damit er weiß, daß er beim Familienausflug ins Museum keine Angst zu haben braucht.

Er steht vor der Pestkanzel unter den Aussätzigen, hört dem Prediger zu und denkt, es ist eine Vorstellung. Er geht am Garten des Steinmetzen vorbei, über eine Brücke zum Friedhof und ahnt nicht, daß es die Leichenbrücke gewesen ist, und sieht nicht den schwarzen Pferdewagen.

»Wie kommt man zum Galgengrund?«

»Gehn Sie am Ring vorbei, über den Platz der Freiheit, das Haus der Einheit links liegenlassen, hinterm Teich der Brauerei beginnt der Galgengrund.«

Der Fremde will durchs Scheißgässel abkürzen und kommt nicht am Ring vorbei, da wo die höchsten Menschen wohnen: Tante Ursel und Onkel Fred. Sie legen beim Sprechen das Kinn auf die Brust. Im Ring ist geschloßne Gesellschaft.

Die Brücke des großen Stroms lud besonders im Winter zum Verweilen ein. Man rutschte aus, schlug hin, zog sich am Gitter hoch und durfte mit schmerzverzerrtem Gesicht sehen, wie die Gerberei Bankwitz das Eis der Auma violett und ultramarin färbte. Gern blieb man auch bei der fremdländisch sprechenden Milch-Gretel stehen. Ihr pechschwarzes Haar leuchtete vor den weißen Kacheln, das Häubchen krönte den Schopf. Sie war die Frau eines Holländers und hieß mit vollem Namen Frau van de Pohl. Für sehenswert konnte man ebenso die Schlange vor dem Lukas-Bäcker halten oder den verwirrten Eberhard, der von Bushaltestelle zu Bushaltestelle hetzte, um mit hochroter Stirn die Fahrpläne zu kontrollieren. »Ach, da kommt der Eberhard wieder angerannt!« Die Gesichter erhellten sich, wenn er den reisenden Damen die Bustür öffnete und dem verspäteten Fahrer geringschätzige Blicke zuwarf.

Doch um das beeindruckendste Geschöpf Weidas zu besichtigen, mußte man auf den Schenkenberg mit dem Rad, ohne abzusteigen. Das erste Drittel war nicht der Rede wert; im zweiten spannten sich die Waden; im dritten Drittel zitterten sie – man stand in den Pedalen und kämpfte um jede halbe Drehung. Hinter dem letzten Haus gen Osten grüßte die Krone der Baumkronen: die Schwedeneiche. Man lag darunter wie Gustav Adolf oder seine lagernden Truppen im dreißigjährigen Krieg. Auf der Tafel am Naturdenkmal stand zwar, daß die Weidaer Bevölkerung die durchziehenden Truppen des Schwedenkönigs freundlich aufnahm, doch weiß man, daß sich die Freundlichkeit des Menschenschlags im schönen Weidatal gegenüber fremden durchziehenden Truppen in Grenzen hielt. Eberhard war eine Ausnahme.

Der unterste Eichenast ist so dick, wie normalerweise Eichenstämme sind. Einmal saß ich darauf, ohne zu erinnern, wie dies möglich war, da der Stamm nur von einem halben Dutzend Männer umfaßt werden kann und keinen nennenswerten Halt bietet. Vielleicht stieg ich von Fedjas Schultern mit einem gepreßten »Judy in the sky« hinauf. Der weitausladende Querträger macht im siebten Meter einen Knick nach unten – als Mahnung an den Schwedentrunk.

Stellt man die Motoren ab, wird die Stadt still. Ab und zu treibt der Wind einige Silben aus den Abendgesängen vor sich her oder Hammerschläge. Man hört, wie der Nagel mit jedem Plock kleiner wird, und wartet auf das Plack, Plack, was das Holz ruft, wenn es ihn ganz in sich aufgenommen hat. Kinder sind aus den Fenstern zu hören, im Streit um den letzten Bissen, hustende Kinder und welche, die sich vor Lachen nicht mehr einkriegen. Mit den geschonten Ohren traut sich auch die Nase wieder zu riechen. Die Luft hat ihre Düfte zurückerlangt nach Flieder oder Linde, je nachdem.

So lag Weida an einem Augustabend neunzehnhundertachtundsechzig in der Dämmerung. Langsam, aber stetig entschälte sich der hereinbrechenden Nacht ein Geräusch, so daß die Leute, egal wo sie saßen oder standen, den Kopf in den Nacken legten, wie neunzehnhundertfünfundvierzig, als eine amerikanische Bomberstaffel die Stadt überflogen hatte. Einer der Bordschützen muß das Ganze für ein Spiel gehalten haben: Über Funk hat er zum Piloten auf englisch gerufen: »Guck mal!«, wies auf das Wahrzeichen von Weida, die Osterburg, »wie trotzig der Bergfried zum Himmel tut rage« und krümmte den Finger aus Spaß am Zielen. Oder er wollte den Weidaern einen Denkzettel verpassen – jedenfalls schoß er dem obersten Kranz am Burgturm einen großen Zacken weg. Dann hat er gelacht und gerufen: »Getroffen!« Der Todesengel war gnädig gestimmt.

Das Geräusch wurde zum Dröhnen und das Dröhnen zum Brüllen und Asphaltknirschen, welches die Häuser erzittern ließ, so daß man den Glauben daran verlor, noch irgendwohin fliehen zu können. Kein anderes Geräusch konnte weiterexistieren. Alle Gerüche fielen dem Gestank von Öl und Diesel zum Opfer. Zweiundachtzig Panzer fuhren durch die Stadt, zermalmten die Rinnsteine, wenn sie ihren Weg mit ruckenden Ketten korrigierten. Woher sie kamen, war schwer zu sagen. Aus jeder Luke ragte ein Soldat, Kentaur mit Stahlleib, von dem man nichts erfahren konnte. Auch wenn er gerufen hätte: »Verzeiht den Krach, ihr seht ja, ich hab' einen Panzer am Arsch«, es wäre nicht zu verstehen gewesen.

Wegen dieses furchtbaren Getöses war auch nicht zu verstehen, was die gesamte Weidaer Bürgerschaft, sehr weit aus dem Fenster gelehnt, wie aus einem Mund gerufen hatte. Sie rief voller Zorn: »Es lebe Dubček!« Wären die Panzer nicht so laut gewesen, hätte man das einzige Beispiel kollektiven Weidaer Widerstands hören können. Doch die Panzer waren zu laut – zweiundachtzig gewaltige Motoren erstickten den Ruf. Mit dem abziehenden Lärm wurde er vergessen – in Weida zog das Schnarchen ein.

Wo sich die Linien zwischen Imbißstube, Polizei und Schuhfabrik, Werk drei, kreuzen, hätte mich ein Felsbrocken erschlagen, wenn ich meiner Zeit um eine Sekunde hinterhergehinkt wäre. Ich betrat gerade den Bürgersteig der anderen Straßenseite, als einem Dumper im Zentrum des Dreiecks Imbißstube, Polizei und Schuhfabrik, Werk drei, die Ladung vom Steinbruch aushakte.

Nicht nur im Bermuda-Dreieck, sondern auch im Dreieck Imbißstube, Polizei und Schuhfabrik, Werk drei, verschwanden Menschen. In der Schuhfabrik, Werk drei, durch Arbeit, in der Imbißstube durch den Suff und Bockwürste und in der Polizei durch Normschwankungen, welche im Falle des unbekannten jungen Mannes ein falsches Wort zur falschen Zeit am falschen Ort gewesen ist. Da war er für zwei Jahre weg.

Um mir eine Vorstellung von Ewigkeit zu verschaffen, favorisierte ich unter den verschiedenen Denkmodellen die Entstehung des Weidatals. Wie lange mußte sich der Strom sein Bett machen. Nun war er fertig und rann schläfrig dahin. Wenn sich im Sommer kein Lüftchen regte, hing sowohl die Stein- als auch die Eisenbrücke in beachtlicher Höhe über dem Rio Grande. Die Spucke klatschte auf grüne Steine, mußte bis zum Herbst warten und erreichte vielleicht erst im Winter das Meer.

Die weiteste Reise im heißen Weida war der Hinweg zum Sommerbad. Dahinter begannen die Wiesen und Wälder. Mit schweißnassem Fahrradsattel und klebendem Hemd ging es durch die ganze Stadt, den Schreberberg hinunter, am Schutt, der Turnhalle, der Ziegelei, dem Wieden vorbei, übern Markt, zwischen Eisdiele und Kino entlang in die Neustädter Straße, durch den Eisenbahntunnel, der erst auf dem Rückweg mit lautem »Ha« gegrüßt wurde, in die schattige Zielgerade parallel zur Auma. Neben den beiden hohen Flügeln eines Lattentors führte ein schmaler Gang am Kassiererinnenfenster vorbei in den Garten Eden. Davor stand ein kleiner Junge. Er war seiner älteren Schwester davongestrampelt und mußte warten. Sie ließ sich Zeit, denn sie hatte das Geld im Campingbeutel, schloß ihr Fahrrad in aller Ruhe ab, ging an die Kasse und sagte: »Erster.«

103

Das Mütterchen hinter dem Fenster wackelte mit dem Kopf, wie die Leute in der Brüderstraße, strich meinen Groschen, den sie mit ihren geschwollenen Fingern niemals vom Brett hätte klauben können, mit der rechten Hand in die linke und reichte die Eintrittskarte heraus. Sobald das Billet von der Bademeisterin am Ende des Ganges entwertet worden war, flog es in den nächsten Papierkorb. Dorthin flog es auch, falls die energische Frau im schwarzen Badeanzug auf ihrer Trillerpfeife aus Blech gerade einen Einsatz blies.

Die Ewigkeit hatte es so hingekriegt, daß man einen Bach stauen konnte. Über dem Schilfgras am Zufluß blitzten Libellen. Von dort her kamen auch die Mücken nach achtzehn Uhr. Den Abfluß gegenüber verdeckte eine Holzplattform, auf der sich der Sprungturm erhob. An der Seite, wo die Sonne untergeht, war das Wasser von Felsen begrenzt. Zwischen dem Großen und dem Kleinen – von »Becken« war nie die Rede – ragte ein Holzsteg in die See, auf dessen Geländer zu sitzen sofort mit Pfiff geahndet wurde. Der Rand des Großen war einen Meter hochgemauert. Man konnte über vier Leitern hinaussteigen oder umschwamm den Steg und erreichte das Festland über die Steigung des Nichtschwimmergrundes. »Kommst du mit ins Große?« hieß die Frage der Fragen, als man sich gerade so oben halten konnte. Die Wege zum Mittelpunkt der Liegewiese führten in ein Quadrat aus viereckig beschnittenen hohen Hecken. Dort tummelten sich die Knirpse im Planschbecken. Mütter saßen auf den Bänken oder tappten neben ihren Hosenscheißern als unwirkliche Riesinnen durch schienbeinhohes Wasser.

Wenn man das erste Mal aus dem Wasser kam, über

die Wiese zum Handtuch rannte, sich draufschmiß, meist zuerst auf den Rücken, und die Sonne Tropfen soff, konnte einem das Himmelreich nicht mehr versprochen werden. Fast nackt lag ich inmitten der Natur, Wald an den Hängen, neben mir Ingrid Schmidt mit ihrem bezaubernden Dekolleté, und blinzelte in die Lindenkrone. Wo sich der Busen zu wölben begann, funkelten Tröpfchen auf Ingrids gebräunter Gänsehaut.

Vorrangig war das Sommerbad ein Ort der Körperkultur. Früh gewöhnte ich mir an, aufrecht zu gehn und auf den Sitz der Badehose zu achten. Dem mitgebrachten Buch zog ich die Tischtennisplatte vor. Wer beim Chinesisch den Ball von Tauchmann abwehren mußte, war draußen. Tauchmann betrieb den Sport organisiert und grinste bei jedem Treffer. Die Platte stand in einem Raum mit Holzwänden, zur Wiese hin offen. Der Ball klackte gegen die Bretter und sprang Ingrid ans Dekolleté. Das »O« dürfte ihr nie wieder so geglückt sein. Tischtennis ist ein verhältnismäßig ungefährlicher Sport. Der Tisch steht zwischen den Gegnern, und das Geschoß ist gut gewählt. Ein Volleyball hingegen kann einem den Daumen brechen. Auch das Mannschaftsgehabe bringt ihn in Verruf. Irgendwann hatten sich die Spielenden auf dem Sandplatz am Netz angewöhnt, nach jedem gelungenen Schuß zu klatschen. Es hörte sich von fern an wie eine Gewerkschaftsversammlung aus der Gründerzeit – den Redner verstand man nicht mehr, nur den zustimmenden Haufen. Bei jedem Schlag erklang das Vibrieren der Luft im Flugobjekt als künstliches Geräusch.

Unweit des Spielfeldes lagen zwei Gewichte. Eines einen halben, das andere einen ganzen Zentner schwer. Eisenkugeln waren an die Eisenstangen geschweißt – alles in der gleichen Farbe: eisern. Den Zentner faßte ich erst an, als ich wußte, daß ich ihm gewachsen bin. Vorher trug ich Desinteresse zur Schau, weil ich mich beobachtet fühlte, wenn ich darüber hinwegstieg. Machte sich einer am Zentner zu schaffen, war ich ungeteilter Aufmerksamkeit. Die Pose vor und nach dem Akt galt als nicht weniger erheblich. Nur einige Hirsche konnten den Zentner mit einer Hand reißen und weit von sich werfen. Sie schleppten die Dinger am Abend hinter Verschluß.

Das Saisonereignis hieß »Neptunfest«. Die Bademeisterin wurde eingeschäumt, unter die Dusche gezerrt und in hohem Bogen ins Große geschmissen. Dazu pfiff ein Kerl mit Perücke und Plisseekleid, der sich ihrer blechernen Stimme bemächtigt hatte. Angescheuselte junge Männer stürmten den Sprungturm und fielen in haarsträubenden Verrenkungen oder in Form der Bombe aus fünf Metern. Zum Höhepunkt zerrte ein Mann einen Kinderwagen die Leiter hinauf, stellte ihn auf das Brett und legte sich hinein. Nachdem er mit verstellter Stimme mehrmals »Mama« gebrüllt hatte, kam der mit dem Kleid hochgeklettert und brüllte, natürlich ebenfalls verstellt: »Ich komme, mein Kleiner.« Oben rief er: »Wir gehn Gassi« und schob den Kleinen in den Himmel, wie man wirklich sagen muß, da Mama ein Fehler unterlaufen ist. Der Wagen blieb mit der Hinterachse am Brett hängen und fiel erst, nachdem der Gefallene schon wieder aufgetaucht war.

Tauchen läßt sich vielleicht mit Fliegen ohne Hilfsmittel vergleichen, falls man von zweiterem etwas sagen kann. Der Wechsel der Elemente, die anderen Bewegungen – auf dem Land würde man bei gleichen Gesten für einen Idioten gehalten –, das Aufgehobensein im Drumherum ließen mich das Nichtschwimmerschild im Kleinen umtauchen, lange bevor ich es umschwimmen konnte. Beim Fangenspielen hing ich unterm Steg, dem zweitdunkelsten Platz nach den Umkleidegängen, strampelte dem Häscher entgegen oder zwängte mich unter Wasser durch das einzige Bretterloch ins Große.

Ich muß mich berichtigen: Unterm Steg war die drittdunkelste Stelle. Zur zweitdunkelsten mußte man unter den Sprungturm schwimmen. Sich an den Bohlen des Überlaufs festzuhalten war zwar auch verboten, doch man konnte nicht verpfiffen werden, weil es keine Zeugen gab. Das hohle Geplätscher, der Geruch des algenbewachsenen Holzes – es schien wie eine andere Zone. Wenn man wieder hervorkam, griffen die Bewegungen weiter aus.

Das Haus Nummer zwei stand im Knick der Friedensstraße. Es gehörte wie auch die Nummer fünfzehn in
der Mozartstraße einem Hauswirt, dessen Garten in
beiden Fällen direkt neben dem Haus lag. Die Haus-
wirte tummelten sich zwischen den Beeten oder tranken gemeinsam mit den Wirtinnen Kaffee. Vater
wurde sehnsüchtig: »Wenn wir auch einen Garten hätten.« Er ging zum Vorstand der »Nelkenquetsche« und
fragte nach. »Nelkenquetsche« hieß der Kleingarten-
verein zwischen der Friedhofstraße und den Gleisen
nach Triptis. Offenbar bestand eine Partnerschaft zu
einem indischen Verband mit ähnlichen Aufgaben.
»Sie müssen warten, bis einer frei wird.« – »Wie lange
kann das dauern?« – »Das kann schnell gehen.« Der
Vorstand nannte ihm eine Frau, die es nicht mehr lange
machen würde, was alles im Garten zu machen ist, damit sich dieser seines Namens als würdig erweist. Und
siehe da, sie gab ihn ab und zog bald darauf nach nebenan. Eine der ersten Gartenarbeiten bestand darin,
den Hauptweg zwischen den Beeten zu jäten. Dann
besorgte Vater vom Schacht dreizehn Meter Belag aus
hartem schwarzen Gummi, rollte ihn auf dem Weg aus
und sagte: »Da wächst nichts mehr.« Den Platz vor der
Laube legte er einerseits deswegen mit Betonplatten
aus, damit der Tisch beim Kaffeetrinken nicht kippelt,
und andererseits wuchs dort auch kein Unkraut mehr,
außer dem bißchen durch die Fugen. Die offensichtli-

108

che Nähe zum Friedhof löste Vater mit einer in die Zaunlatten geflochtenen schwarzen Folie.

Das windschiefe Hüttlein unserer Vorgängerin war keine Gartenlaube, sondern ein Witz. »Da bauen wir uns eine Laube mit Fundament und Bierkeller.« Ich staunte über Vaters famosen Gedanken – und wirklich, das Bier war erdkühl, als man es dem bierkastengroßen Keller entnehmen konnte. Die Steine zum Fundament stammten von den Gräbern nebenan. Die Schrift hatte das Wetter beglichen. Kein Wort war zu entziffern. Nur in einem Falle konnte man mit viel Fingerspitzengefühl ein A ertasten. Wenn die Grabpacht nicht mehr bezahlt wurde, weil der letzte Trieb des Stammbaums abgestorben war, standen die Steine an das stillgelegte Krematorium gelehnt und warteten auf Selbstabholer. Vater ließ dem Friedhofsverwalter einen Schein und eine Flasche Wismut-Schnaps hinüberwachsen.

Jedesmal wenn Vater sein Pachtland betrat, atmete er hörbar auf. Sonntags, wenn Mutter zu Mittag kochte, zog er sich die Schuhe an und ging in den Garten. Mutter rief ihm nach: »Um zwölf gibt's Essen.« Meistens vergaß er die Uhr, und ich mußte ihn abholen. »Ich hab' wieder gar nicht gemerkt, wie die Zeit vergeht«, sagte Vater, wenn wir die Küche betraten. Das Essen dampfte auf dem Tisch. Mutter fragte: »Was hast'n so lange gemacht?« – »Ich hatte zu tun«, gab Vater zur Antwort.

Es mag den Leser Langeweile anfechten, wenn auch diese Geschichte damit beginnt, daß Vater etwas Neues nach Hause brachte, aber das hier Eingeführte wurde eigens zur Unterhaltung angefertigt. Man kennt es vom Rummel und muß dafür eine ruhige Hand haben. Vater bereicherte also unser Leben diesmal um ein gebrauchtes Luftgewehr. Mutter sagte sofort: »Das Ding bleibt mir nicht in der Bude.« Sollte es auch gar nicht. Schon am selben Abend schaffte Vater die Flinte in den Garten.

Auf dem Rummel kosteten fünf Schuß eine Mark. Man konnte das Gewehr nicht richtig kennenlernen. Entweder es hatte einen verzogenen Lauf, oder der Abzug ging so schwer, daß es ruckte. Man zählte die Schüsse mit. Obwohl man wußte, daß keine Kugel mehr drin ist, lud man noch mal durch und ließ es niesen. Dann tat man so, als würde man sich darüber wundern, daß der Spaß schon vorbei ist. Es war Glückssache, wenn man eine Rose wegputzen konnte. Mancher Schießbudenbesitzer gab auf drei angeschossene Röhrchen eine Rose heraus. Erst der Strauß galt als Trophäe.

Im Garten kam es auf den Schuß nicht an. Kugeln lagen zu Hunderten in kleinen Blechbüchsen. Die Zielscheibe hing im Kugelfang an der Schuppenwand neben der Schuppentürscheibe. Gegen Abend, wenn die Nachbarn schon nach Hause gegangen waren, veranstalteten Vater, Hubert und ich Turniere. Die Bleikugeln klackten an das schräge Blech hinter der Scheibe und wurden platt gedrückt. »Eine Zehn!« rief der Schütze. »Angerissen!« riefen die Kontrahenten. »Trotzdem!« beharrte der Schütze. Als »angerissen« ließ man es gelten, wenn der nächstinnere Kreis nur mit einer Pappfaser ins Loch gerissen wurde – ein beliebter Streitfall.

Bei Punktgleichheit ging es ins Stechen. Dafür war in der rechten oberen Schießscheibenecke ein Männlein abgebildet, das man möglichst auf den Punkt treffen mußte. Die Schießscheiben stammten von der Gesellschaft für Sport und Technik. Vater hatte sie sich auf dem Schacht geben lassen, zusammen mit kleinen Heftchen, in die man die Schießergebnisse eintragen konnte. Zum Reinigen schaffte er Feinmechanikeröl an. Er saß vor der Laube zwischen dem zerlegten Gewehr und fabulierte: »Wäre ich damals zur Kasernierten Volkspolizei gegangen, wäre ich jetzt mindestens Oberst.« Dann gäbe es ein anderes Buch zu schreiben.

Es gab noch eine Knarre im Distrikt. Sie war in Besitz von Christoph Patzig. Er schoß aus siebzig Metern Entfernung mit einem Knicker. Den knickte man übers Knie. Dadurch wurde die Feder gespannt. Dann drückte man einen Diabolo mit der Daumenspitze in den inwändig gedrehten Lauf und ließ ihn zurückklappen. Nachdem Christoph Patzig gehört hatte, daß ich bewaffnet sei, wollte er mich offenbar testen. Ich saß gerade auf dem Fensterbrett des Kinderzimmers und spielte Gitarre. Das surrende Projektil näherte sich wie eine düsengetriebene Schmeißfliege und schlug unterhalb des Fensters in den Putz ein. Leider konnte ich ihm nicht patzig kommen, weil unser Durchlader im Garten im Schuppen hing. Damit konnte man sich aus zwei Metern Entfernung auf die Lederhosen ballern lassen. Es hieß, man könne mit einem Durchlader niemanden umbringen. Ich bezweifelte allerdings, ob man den Fall überleben würde, wenn man sich mit dem Durchlader aus nächster Nähe direkt ins Auge schießt.

Im Gegensatz zum Knicker stemmte man sich den Durchlader zum Laden in den Bauch, legte den Hebel, der sich vom Lauf abspreizte, nach oben, zog ihn bis zum Knacken nach hinten, ließ ihn wieder vorgleiten und in die Ausgangsposition einrasten. Bei entsprechendem Training ließ sich diese Handlung bis zur Filmreife beschleunigen. Wenn man dazu noch aus der Hüfte schoß, sah es aus wie im Western. Dazu mußte man allein sein, möglichst nicht nur in unserem Garten, sondern in der ganzen Anlage. Blitzschnell laden und aus der Hüfte schießen, blitzschnell laden und aus der Hüfte schießen. Der Schuß, aus einem bestimmten Winkel auf die Betonplatten abgegeben, klang wie ein Peitschenknall. Ich schoß in aller Ruhe Rosen oder Pflaumen, Tannenzapfen vom Friedhof oder einen Apfel vom Baum aus dem übernächsten Garten, den der Stachelbeerförster bewirtschaftete.

Meine militante Phase endete abrupt. Ich saß unterm Kirschbaum und machte irgendeine Schularbeit. Neben mir lehnte das Gewehr. Über mir sang eine Meise auf ganz störende Art. Es war nicht durchdacht. Ich lud durch und knallte sie ab. Sie kreiselte zu Boden, hörte aber nicht damit auf, ihren himmelblauen Bauch zu regen. Ich mußte hingehen und ihr die zweite Kugel geben. Seitdem war die Luft raus, und die Knarre hing als stumme Zeugin im Schuppen.

Rechts vor der Leichenhalle liegt der Russenfriedhof – drei Reihen Gefallener aus dem Zweiten Weltkrieg. Die Gräber sehen aus wie Kinderbetten, eine Marmorplatte als Kopfkissen. Darauf stehen die Namen in kyrillischer Schrift, das Geburts- und Todesdatum. Dieser Teil des Friedhofs wurde einmal jährlich wie ein Festplatz mit Kränzen und Blumen geschmückt. Blasmusik spielte, der Bürgermeister, der Parteisekretär und ein Russe in Uniform ehrten die Toten – immer wieder am achten Mai. Wenn der Spuk vorüber war, sah es so bunt aus, als hätten sie sich über die Frühgestorbenen lustig gemacht.

Witwen und Waisen grüßen über die Hecken hinweg und bepflanzen ihr Pachtland wie einen Vorgarten mit Lieb' und Treu'. In ihren Grüßen liegt eine Portion Abschiedsklatsch. Die Grabsteininschriften sind in zwei Lager gespalten – in das ungläubige und das gläubige. Hier heißt es »Ruhe in Frieden«, dort »Ruhe in Gott«. Männer bleiben oft auch noch nach ihrem Tod in Rang und Namen: »Hier ruht unser lieber Vater, Medizinalrat Ernst.« Dabei war Ernst gar kein lieber Vater, sondern nur Medizinalrat. Richtig hätte es heißen müssen: »Hier ruht Medizinalrat Ernst.« Die gut gemeinte Inschrift läßt den Toten im dunkeln. In anderen Ländern werden Fotografien neben den Namen angebracht, ein schöner Brauch. Im ersten Moment wird der Mensch wieder lebendig. Der Friedhof von Céreste etwa, den man von der Stadt über eine Pappelallee erreicht, beherbergt ein Grab, dessen Stein ein aufgeschlagenes Buch verkörpert. Das emaillierte Foto auf der linken Seite zeigt einen jungen Mann in Motorradkluft und Sturzhelm. Er reißt seine Geländemaschine vorn hoch, als bäume sich ein Hengst auf. Auf der rechten Seite steht in nüchterner Schreibschrift: »Adieu, Roger«, kein Datum, ein Ölzweig nur.

In einer windigen Herbstnacht verließ ich kurz vor Mitternacht unsere Wohnung. Alles schlief. Der Himmel schloß sein Auge mit Wolkendunst und zwinkerte in langen Abständen. Ich ging an der Friedhofsmauer entlang. Dort, wo sie von einem Gartenzaun ersetzt wird, gelangte ich über eine Eisenstange ins Innere des Totenackers, den Gott und die Weidaer als Spiegelbild der Stadt am Stadtrand bewirtschaften.

Die Uhren schlugen zwölf. Über den Gruften hing Nebel. Eisern versuchte ich, mir unter keiner Bedingung irgend etwas vorzustellen. So war es mir gelungen, meiner Angst vor dem Schulweg früh im Dunkeln am Wald vorbei Herr zu werden. Ich sagte mir: »Um die Zeit schlafen die Verbrecher noch.« Frag mich einer, was ich auf dem Friedhof wollte. Man muß Mitternacht mal dagewesen sein, vor allem wenn man nicht denkt, daß Bruno auch da sein könnte, Bruno, der Analphabet, der sich in der Leichenhalle eingeschlossen hat.

Anfangs tat Tröger, der Hauswirt, freundlich. Er lud uns in seinen Garten hinterm Haus zum Kaffeetrinken ein und wärmte Erinnerungen auf. Mutter hatte als junge Frau bei ihm im Frisiersalon am Markt gearbeitet. Gegen Abend kam seine Tochter Hella zu Besuch. Sie wurde von einem Bernhardiner begleitet und fragte mich, ob ich mal darauf reiten will. Dem Tier tränten die Augen. Der Nachmittag war äußerst angenehm. Die Sonne ging harmonisch unter.

Plötzlich störte es den Tröger, wenn man das Fahrrad an den Gartenzaun lehnte. Um zu mosern: »Stell mal das Fahrrad nicht an den Zaun«, klingelte er an unserer Wohnungstür. Er wohnte über uns im ersten Stock, für Vater einer der Gründe, weswegen er unbedingt in den zehnten Stock eines Geraer Neubaublocks ziehen wollte. »Da hat man wenigstens keinen über sich«, sagte er und sah hinauf.

Hubert hatte seinen Schlüssel vergessen. Er wollte über das dünne gewellte Dach des Verschlages, der gleich ans Haus anschloß, ins Badfenster klettern, brach durch und fiel hinein. Am Abend rief der Tröger aufgebracht: »Das hat ein Nachspiel.« Vater entgegnete aus der Ruhe heraus: »Dafür bin ich Spezialist.« Dann hörten wir Türen schlagen. Gleich am nächsten Tag brachte Vater vom Schacht eine neue Wellblechpappe, legte sie auf, fand alles wieder bestens und klatschte in die Hände – das klang wie olé.

Tröger bestellte das Scheißeauto nicht mehr rechtzeitig. Die Grube befand sich schräg unterm Küchenfenster. Der Inhalt drückte den Deckel hoch und quoll
auf den Betonabsatz, wo sonst die Wäsche bei Regen
hing. Am täglichen Zuwachs konnte man ermessen,
wieviel ein Haus so abwirft. Der Tröger schnauzte Mutter an, wenn er sie allein traf, als wäre sie noch seine
Angestellte. Er schloß das Waschhaus zu, so daß man
sich mit dem Fahrrad die schmale Kellertreppe hoch
und runter schinden mußte.

Von Mutter aus mußte ich meine Straßenschuhe immer vor der Korridortür ausziehen. Manchmal vergaß
ich sie auf dem Abstreicher. Einmal waren sie weg. Ich
fand sie auf der Straße wieder und schrieb Tröger einen
Zettel: »Falls Sie wieder den perversen Drang verspüren, mit anderer Leute Schuhen zu spielen, habe
ich noch ein Paar alte Mauken im Keller.«

Eines Abends rempelten sich die beiden Männer auf
der Kellertreppe an. Vater hatte die obersten Stufen
schon hinter sich, als der Tröger die unterste Stufe erst
betrat. Vater ging natürlich weiter – der Aufstrebende
hätte zurücktreten müssen. Ist er aber nicht, im Gegenteil. Sie mußten sich aneinander vorbeidrängen.
Bei der Gelegenheit zuckte Trögers Ellbogen. Vater war
sofort auf Hundertachtzig und zwang ihn die Treppe
wieder hinab. Frisör gegen Bergmann – ein ungleicher
Kampf. Der Tröger tat gut daran, nicht aufzumucken.
Er lief durchs Waschhaus und fluchte die Treppe hinauf.

Von da ab war gespannte Funkstille. Vater würdigte
ihn keines Blickes, Mutter grüßte ihn nicht mehr, Hubert schloß ihm vor der Nase die Haustür zu, und ich

schoß mit dem Luftgewehr Pfirsiche von seinem Baum. Abends ließen wir die Jalousien herunterkrachen. Wenn Tröger seinen Wartburg putzte und der Hof nach Benzin stank, machte Mutter demonstrativ das Fenster zu. Als die abweisenden Zeichen nicht zahlreicher hätten sein können, nutzte der Tröger den Vorteil des ersten Stocks, zog Stulpenstiefel an und lief mit beschlagenen Sohlen über unseren Köpfen. Kurz bevor wir umzogen, sägte er die rauschende Birke vor dem Schlafzimmerfenster ab, bald darauf starb auch der Tröger.

An zwei Tagen der Woche standen die Aschekübel vor
der Einfahrt. Montag oder Dienstag kam das Ascheauto, im Winter jede Woche, im Sommer alle vierzehn
Tage. Im Winter waren sie so voll, daß es überquoll und
noch Ascheeimer daneben standen. Quoll – das Wort
stand eben erst in Zusammenhang mit Scheißeauto.
Scheißeauto, Ascheauto, Leichenauto. Für den täglichen Überschuß fuhren Laster vor, wahre Ungetüme
mit besonderen Fähigkeiten – für den letztendlichen
Überschuß genügte ein Personenauto. Das Ascheauto
hatte zwei Besatzungen, eine fleißige und eine faule.
Die faule ließ die vollen Ascheeimer stehn. Als würde
das Leichenauto einen Arm zurücklassen oder das
Scheißeauto eine Wurst. Das Ascheauto fuhr auf den
Friedhof, das Scheißeauto auf den Schutt, das Leichenauto in die Kläranlage. Weida war verrückt geworden.

Es brach der Ast am Baum im Garten hinter der Jugendherberge Gera. Es brach mein linkes Handgelenk. Ich betrachtete es weit entfernt, als hätte sich der Raum erweitert. Es beschrieb eine Kurve. Mein erster Gedanke war: »Das bleibt jetzt immer so.« Dieser endgültig scheinende Schrecken trieb mich zum Äußersten. Ich drückte die Faust mit ganzem Körpergewicht gegen den Boden, um die Hand in die richtige Richtung zu zwingen. »Mein Arm, mein Arm!« waren die ersten Worte. Ein mir bekanntes Mädchen hechtete auf meinen Rücken. Es nützte nichts, ich brauchte fremde Hilfe.

Im Operationssaal gab mir ein Arzt die Betäubungsspritze. Ich spürte, wie die Nadel auf meinem Knochen kratzt, ging an die Decke und schwebte in die Schmerzlosigkeit. Ist Betäubung nicht eine wunderbare Sache? Eben noch haut dir der Bruch seine scharfe Kante ins Hirn, Sekunden danach hörst du sanfte Geräusche. Der junge, kräftige Mann zerrte an meiner Gliedmaße, zwei Schwestern mußten mich festhalten, sonst hätte er mich von der Liege gezerrt. Dann war es wieder gerade, weswegen ich lachen mußte. Der Arzt sagte: »Da freust du dich.« Ja, Arzt, da freute ich mich. Es war wieder gut.

Ein anderer Arzt hat mir zwar auch sehr geholfen, doch mußte ich bei dem nicht lachen: Hubert ließ das Kinderzimmerfenster geöffnet, während Licht brannte. Ich stürmte empört herein und begann eine großangelegte Kleinwildjagt. Wenn ich mich am nächsten Morgen juckte, sagte Hubert: »Da muß my darling besser Mücken jagen.« Kluge Mücken setzten sich unter das Sofa oder hinter die Gardinenleiste vor dunklen Hintergrund. Davon war eine vergiftet.

Als sich die Außenhaut über dem linken Knie einen Zentimeter wölbte, wollte ich es nicht wahrhaben. Binnen Stunden bildete sich ein noch stattlicherer Furunkel, gegen den ich mit Stecknadel und Zellstoff vorging. Über eine bestimmte Erfahrung mit Furunkeln verfügte ich schon, weil Hubert sehr unter Furunkeln gelitten hatte. Ich wußte natürlich, daß man die Nadel über der Kerze sterilisieren muß. Nach der Behandlung wechselte das Gewächs seine Farbe. Ich schrieb einen Zettel, ging ins Krankenhaus und kam gleich unters Messer, weil meine Kniebeweglichkeit akut auf dem Spiel stand. Es muß so eilig gewesen sein, daß der Arzt nicht warten konnte, bis die Narkose gewirkt hatte. Schade, daß ich seinen Namen nicht weiß, nur die Farbe seines Kittels. Mein Brüllen war bis in den zweiten Stock zu hören. Er mußte tief ins Fleisch und hat viel herausgeholt.

Elf Tage lag ich im Krankenhaus. Wenn die Wunde versorgt wurde, konnte ich in mein Inneres blicken, als stünde ich am Krater eines Vulkans, durch den sich eine Sehne spannt. Die Narbe davon ist ohne Pigmente und glatt wie ein Fisch.

Meine Hefte aus der achten Klasse sahen bunt wie die
der Mädchen aus oder wie Weihnachtspapier. Selten
wurde ich vor dem Abwischen fertig, das Tafelbild auf
die karierten Seiten zu übertragen – hier eine gelbe Un-
terstreichung, da noch ein schattierter Buchstabe in
Oliv, dort aus sattem Karminrot ein Kringel. Tante Luzie hatte mir zwanzig Filzstifte aus dem Westen geschickt. Als die alle waren, klapperte ich einmal pro
Woche Weidas Schreibgeschäfte ab, weil man sagte,
Filzstifte gäbe es auch bei uns.

Scheins hatten ein Schreibgeschäft in der Geraer
Straße, Rieders eines auf dem Markt. Schreibgeschäfte
heißen heute »Bürobedarf«. Da hört man schon den
Unterschied von fünfundzwanzig Jahren.

»Ich geh' mal zu Scheins«, rief ich in die Küche.

»Was brauchst'n?« Mutter war neugierig.

»Filzstifte!«

»Wenn Schein's keine haben, kannst du ja mal bei
Rieders gucken!«

Sieh mal an, dachte ich, schnappte mein Fahrrad
und ließ mich hinunterrollen.

Mit seinem weißen Schnauzbart bewegte sich der
alte Rieder wie ein englischer Lord in Zeitlupe. Da sich
nie mehr als zwei Menschen im Geschäft aufhielten,
störte es höchstens einen. Der alte Rieder brauchte viel
Zeit für die Amplitude, in der er seinen Kopf verneinen
ließ, wenn ich fragte: »Ha'm Sie Filzstifte?« Der junge

Rieder war des alten Rieders Sohn, größer als sein Vater, glattrasiert. Er konnte sprechen und sagte im Dienst am Kunden: »Vielleicht nächste Woche.« Der junge Rieder wußte, wie man ein Geschäft zu führen hat, und dekorierte das große Schaufenster.

Scheins Schaufenster war zwar wesentlich kleiner, aber eingerichtet wie ein Schrein. Die Dinge lagen darin, als lägen sie zu Hause im Samt des Zirkelkastens auf dem Geburtstagstisch. Wenn man die Ladentür öffnete, schrillte eine elektrische Klingel im hinteren Zimmer, das schon zur Wohnung der Familie Schein gehörte. Wenn Frau Schein erschien, versuchte ich alle Ehrerbietung in den Ton meines Anliegens zu legen. Sie war eine vielbeschäftigte Frau. Scheins hatten siebzehn Kinder, Weidas absoluter Rekord. Hätte man sich im Laden genauer umgesehen, wären sie hinterm Ladentisch, im Regal, unterm Schrank, links der Kasse, neben dem Globus, in der Kreide, am Kleiderständer, über der Lampe, zwischen den Schubladen, rechts der Treppe, unter den Heften, Stiften, Linealen und Tafelwerken, auf dem Kalender, im Kohlenkasten und in der Uhr zu finden gewesen.

Während der großen Pause trottete die Unterstufe auf dem unteren Hof hinter der Greil-Schule im Kreis um die diensthabende Lehrerin der Oberaufsicht über die Unterstufe, während die Oberstufe auf dem oberen Hof, unter Oberaufsicht eines diensthabenden Lehrers quer gehen oder auf der Mauer im Kastanienschatten sitzen durfte.

Egal, wie heiß die liebe Sonne von ihrer Zwanzigminutenkanzel predigte, die Unterstufe lief im Kreis. Achtmal am Ehrenhain zwischen den Hofebenen mit der Büste des Thälmann, oh, Thälmann vor allen, achtmal am Fahnenmast, der Werkbaracke, der Mauer zur freiwilligen Feuerwehr, am Tor nach draußen vorbei, bis sich die Oberaufsicht in den Kreis keilte. Unter ihrer Führung kroch der dumme Wurm zur weiteren Belehrung ins Erdgeschoß des massigen Schulbaus.

Wenn der untere Platz geräumt war, wurde die Oberstufe zweireihig in Bewegung gesetzt. Der Lehrer hatte vorher zum Antreten gepfiffen und harrte, drei Treppen tiefer, mit dem Gesicht zur sich formierenden Masse, der Ruhe zum Transport. Wie lange er warten mußte, hing einzig von seiner Autorität ab.

Frau Schalk, eine junge Zeichenlehrerin, stand plötzlich auf Anweisung des Direktors Taubert in Rock und Stand der Oberaufsicht über die große Pause des oberen Schulhofs. Vielen jungen Lehrerinnen wurde mit Überantwortung von derlei Aufgaben der Garaus gemacht, so auch Frau Schalk. Sippel, ein großer Rüde, pöbelte sie an – der Wortlaut ist nicht hinterlassen, aber es wird nicht gesalbt gewesen sein –, Frau Schalk wies ihn zurecht. Sippel baute sich dicht vor ihr auf, linste mit gesenktem Kopf zwischen ihrem und dem eignen Leib auf seinen etwas vorgestellten Schuh, worauf er eine Spiegelscherbe befestigt hatte, und verkündete lauthals die Farbe ihrer Schlüpfer. Frau Schalks Ohren begannen zu leuchten. Drei Stufen tiefer muß für sie die Hölle gewesen sein. Sie drehte sich um und lief los, dahinter die johlende Masse.

Zum Appell stand die gesamte Schülerschar, egal ob Ober- oder Unterstufe, im Halbkreis um den Ehrenhain auf dem unteren Schulhof. Taubert oder später Fischer hielten ihre Reden, deren sich niemand erinnert. Mecki, der kleine Schultrompeter, spielte die Holperversion des Liedes »Von all unsern Kameraden war keiner so lieb und so gut wie unser kleiner Trompeter, ein lustiges Rotgardistenblut ...« Darin heißt es: »Da kam eine feindliche Kugel ...«, was mich über die Schulpflicht hinaus faszinierte. Ich nehme an, es wird an der Subjektivierung des Objekts gelegen haben.

Nie habe ich eine Schneeballschlacht angefangen. Dies lag zu einem kleineren Teil vielleicht daran, daß ich meiner Wurfkraft nicht vertrauen konnte – im Schlagballwerfen habe ich es nicht weit gebracht, vor allem aber kam ich überhaupt nicht auf den Gedanken, jemand mit Schnee zu traktieren, weil das Staunen, wenn man aus der Schule in die weiße Pracht hinüberwechselte, keine Aggressionen hervorbrachte, sondern das Gefühl von Heiligkeit. Den Beweis dafür lieferte ein Geschoß aus Schnee und Dreck auf meinem linken Auge. Sterne kündigten den Heiland an.

Hinter den großen Fenstern senkte sich des Himmels Vergebung herab. Es waren die ruhigsten Momente. Herr Zipfel hielt in seiner Physik inne, Missis Möllhoff in ihrem Oxford, Frau Möbius erstarrte in ihrer Chemie, Herr Neugebauer, der die Tafel selber abwischte, blieb mit erhobenem Schwamm davor stehen und sah hinaus. Der erste Schnee fiel immer während der Schulstunden.

Das Klassenfoto auf den Stufen zur Turnhalle zeigt mich in der ersten Reihe rechts neben Viola Ruschel. Sie sprach fast immer durch die Nase, als wäre der Klang ihres Nachnamens Gesetz. Vorn stehen außer mir nur Mädchen in Pionierkleidung auf Geheiß von Frau Finn, die nicht duldete, daß ein dunkler Pullover, wie der von Matthias Köhler, wo nur die weißen Kragenecken zum Vorschein kamen, die Einheitlichkeit störte. Gespannt grinst sie von rechtsaußen über ihren Haufen Gleichaltriger, der 3 b hieß und mit dem sie gut dastehn wollte. Frau Finn hieß erst Froll'n Hering. Man mußte sich umgewöhnen. Sie legte Wert darauf.

Fremd unter Fremden fanden wir uns am ersten Schulmontagmorgen in den Bänken und richteten uns nach der Ersatzmutti aus. Wir wurden hingesetzt und erkannten einander an den Eigenarten, die auf Dauer keiner verbergen konnte. Matthias Köhlers Festlegung auf sich selbst lag im Bereich des Unappetitlichen. Er popelte die ganze Stunde und errichtete rechts neben der Federmappe eine Pyramide aus gerollten Nasensteinen, welche er in der Pause gemächlich zu verzehren pflegte. Ich hatte einmal neben ihm gesessen und unterhielt seitdem eine lockere Verbindung. Ralf Gieske, ein anderer Charakter, warf sich, wenn ihm Froll'n Hering eine unangebrachte Frage stellte, auf den Boden und trat gegen die Schulbank. Sie traute sich immer erst sehr spät, ihm die Hand auf den Kopf zu legen. Seine oberen Vorderzähne erinnerten an das Gebiß eines Hasen.

In der ersten Klasse habe ich gelernt, wie Blut schmeckt, in der zweiten, was Todesangst ist, in der dritten, daß man keinen Schmerz vergessen darf, und vom vierten Schuljahr lernte ich, daß das fünfte folgt, in dem sich Bernd Schock bei Herrn Gündel erkundigte, warum Fürze stinken. Diese Frage mußte von Schock kommen. Er war der Klassenfetti.

Blut fließt übers Gesicht wie sechsunddreißig Komma Grad warmes Wasser. Ich kam aus dem Klassenraum und muß mich wohl in der Entfernung zu den Garderobenhaken getäuscht haben. Man hatte sie vernünftigerweise in Stirnhöhe auf der anderen Gangseite angebracht. Ich ertastete die gestoßene Stelle, spürte eine Flüssigkeit und sah meine roten Finger. Derweil hatte das Blut meine Lippen erreicht. Es schmeckte so, als wäre mir der Geschmack nie unbekannt gewesen. Dann hielt ich den Kopf, um mir nicht die Sachen zu versauen, vornübergebeugt und hinterließ leuchtendrote Flatschen auf dem Steinfußboden, auf der Steintreppe hinauf ins Lehrerzimmer. Daraus wurde meine zweite Narbe mit dem ersten Stich.

Der Dienst an der Tafel im Zyklus des Alphabets mußte ernst genommen werden. Wenn es der Lehrerin nicht paßte, ließ sie nach Stundenanfang weiterwischen. Aufgrund der dabei vollführten Bewegungen wurde man automatisch zum Lachapfel. Ich reckte mich also auf dem dreistufigen Trittbrett zu den Hieroglyphen der vergangenen Stunde, rutschte in der Schlämmkreide aus und rammte mir die Holzkante in die Magengrube. Das Atmen, woran man sonst keinen

128

Gedanken verschwendet, war unmöglich geworden und bescherte mir unendliche Sekunden, die mit Tod zu tun hatten, was die Meute als willkommene Abwechslung bejubelte. Ingrid Schmeißer rechne ich es hoch an, daß sie als einzige in meiner unmittelbaren Nähe ernst blieb.

Man wird nervös, wenn die einzige gutgeheißene Bewegung darin besteht, seine rechte Hand mit ausgestrecktem Zeigefinger in die Höhe zu strecken, ein Vorgang, der »sich melden« genannt wurde und wahrscheinlich immer noch so heißt. Für die wiegende Bewegung in der Bank, wo der Oberarm an der Tischkante reibt, gibt es ein Fremdwort. Wie ein Blitzstrahl durchschoß es meinen Arm. Ich saß still und wartete, was passiert. Da nichts passierte und die Stunde weiterging, vergaß ich das Ereignis, bis ein brauner Fleck zum Vorschein kam. Der Chirurg beförderte einen Holzsplitter ans Licht, welcher in seinem eitrigen Bett ein halbes Jahr geschlafen hatte. Deswegen nannte ihn meine Mutter »Schliefer«. Es gab Gelegenheiten bei denen ich das Ausmaß des Schliefers zwischen Daumen und Zeigefinger demonstrieren konnte, womit sich die Beschreibung der Tortur unterm Messer erübrigt hatte.

Der Schmerz, den ich Gunther Katterwe, genannt Katter, zufügte, hat sich mir ebenfalls tief ins Gedächtnis gegraben. Ich warf einen Stein aus dem Blumentopf auf dem Fensterstock in Richtung Tafel und traf Katter mitten auf die Stirn. Falls er das Buch liest, wird er den Verursacher seines gewaltigen Horns erfahren. Ich dachte oft daran, daß ich sein Auge hätte treffen können.

Damit wir nicht zügellos älter werden, hatte sich das Bildungswesen verschiedene Abläufe ausgedacht. Die Elternhäuser boten ungenügend Gewähr dafür, daß der Nachwuchs richtig wächst, mit den richtigen Wurzeln. Deshalb zog man Pioniere zum Beispiel zur Ehrung hoher Persönlichkeiten heran. Wenn man den Geburtstag des Thälmann, oh, Thälmann, jenes berühmten Besatzers der Arbeiterköpfe, beging, mußten an allen möglichen Plätzen, auf denen der Sterbliche zu Stein geworden war, Jungen und Mädchen in weißem Hemd und blauem Halstuch Ehrenwache stehen. An der Landstraße, wo sich die Entfernung zwischen Gera und Weida halbiert, stand am bewußten Abend ein Pionier im fliehenden Scheinwerferlicht stramm neben dem Mahnmal. Man hatte vergessen, ihn einzusammeln. Mit Vater fuhr ich im Bus vorbei. Er sagte anerkennend: »Der könnte der Dümmste sein.« In der Küche am Stuhl hing schon meine Bluse im Weiß der ersten Reihe, um am nächsten Morgen von mir getragen zu werden.

Die Schule war die Schule, zu Hause war zu Hause. Daß man zusammen in einem Klassenzimmer saß, bedeutete nicht, sich auf die Weidaer Berge folgen zu müssen. Aufträge, wie Hausaufgaben an das Bett eines Kranken zu bringen oder ein Heft zum Abschreiben freizugeben, bildeten die Ausnahme. Uwe Kemmler, genannt Kamm, der Junge mit Bürstenschnitt, erkannte mir die Vorzüge des Einzelkinds, indem er begipst die Ecke seines Einzelzimmers füllte, umgeben von Geräten aus Jakobs Schaufenster. Kamm stand wie ich lieber abseits, wenn sich die Zweierbande Tauchmann/Tolksdorf ein neues Opfer suchte. Ihre Erfindung bestand im Wort »auseinanderreißen«. In den Pausen verbreiteten sie so viel Schrecken, daß der Umzug in einen anderen Raum ganz entgegen der Bequemlichkeit zur Wohltat wurde. Sie standen plötzlich links und rechts von einem und packten jeweils einen Arm. Tauchmann fragte mit fieser Stimme, die dem Klang von Blech ähnelte: »Na, solln wir dich auseinanderreißen?« Keiner bejahte. Trotzdem rissen sie mit Affenkräften auseinander.

Ich hielt mich bei den Mädchen auf. Sie spielten sich gegenseitig in den Haaren. Ingrid Schmidt bei Christine Preller, Ingrid Schmeißer bei Marina Friedrich, dem hinzugekommenen Mädchen, das gewissen Einfluß auf Tauchmann und Tolksdorf ausüben konnte. Warum man sie Emma gerufen hatte, ist mir angesichts ihrer entwickelten Schönheit erst jüngst klargeworden, als ich sie auf einer Halbinsel zufällig hinter der Düne traf.

Auch dem Kind des Sportwarengeschäftsdirektors konnte man seinen Werdegang frühzeitig ansehen und taufte ihn von Spowa zu Bierseidel um. Er übernahm die Leitung einer Imbißstube an der Geraer Straße, direkt neben dem Eingang der ehemaligen Sportwarenhandlung, hinter dem später ein griechischer Gastronom sein Wesen trieb.

Margit Langes sei genannt, weil sie auf dem Foto links zwischen mir und Ingrid Schmeißer steht. Letzterer widerfuhr der Tod in Gestalt ihres Mannes. Nachdem er wegen Geldschulden sie und ihre beiden Söhne im Schlaf mit dem Kissen erstickt hatte, hinterließ er die vier Worte: »Schönen Dank, Herr Kohl.« Zum Klassentreffen wird ihr Fehlen entschuldigt sein. Beim

Rundgang durch die Max-Greil-Schule, bei der anschließenden Völlerei in der »Schönen Aussicht« wird sie als Seele von Mensch Erwähnung finden, was diesmal wahrhaftig zutrifft.

Hans Weiser war Weidas magerster Musiklehrer. Er spielte wunderbar Klavier.

Oft in den Pausen ließ er die Schüler vor verschlossener Musikraumtür bis zum Klingelzeichen warten. Wäre Stille gewesen, hätte man Rachmaninow durch die Tür gehört. Das Gegenteil war der Fall: Durch das Gebäude hallten die Echos der Lehre. Der endlosen Schülerwanderung setzte Hans Weiser sein Spiel entgegen.

Am Anfang der Stunde las er willkürlich zwei Namen aus dem Klassenbuch. Die Benannten mußten einzeln nach vorn kommen, um das Lied der Hausaufgabe zu singen. Nur Bernd Schock und ich traten gern vor die Meute. »Schöne Stimmchen«, lobte Hans Weiser und lud den Klassengesang auf einen Blüthner-Flügel. Um seine Genialität zu verbreiten, erfand ich die Legende, daß er jetzt sogar seinen Doktor am Klavier gemacht hat.

Irgendwann schloß er den Flügel ab, steckte den Schlüssel ein und kam nicht mehr. Der nächste mußte das Schloß aufbrechen. Das Instrument trug fortan ein Vorhängeschloß.

Manchmal sah ich Hans Weiser gebeugt am Arm seiner Frau in der Nähe des Sonnenhofs, so heißt ein Quadrat von Betonblöcken im Zentrum einer Arbeiterstadt, als würde er sich im Moment auf den Klavierhocker setzen.

Wochen nach dem plötzlichen Tod seiner Frau fand man ihn verhungert in der Neubauwohnung, obwohl der Kühlschrank gefüllt war.

Ein weites Feld ist der Sport. Er kann aber auch eine quadratische, nur fünf mal fünf Meter große Bodenmatte sein. Oder ein Reck, an dessen übermannshoher Querstange man sich in Schwingung versetzt – hin und her und hinauf zur Umkreisung des Mittelpunkts der Welt, den man in den magnesiumbestäubten Händen hält.

Die Riesenfelge ist der Zenit des Geräteturnens, bezüglich der Fliehkraft in den Füßen. Wenn diese plötzlich schwerer wögen, als Finger halten können, und man mitten in der rassigsten Riesenfelge von der Stange gerissen würde – welch gravitätischen Bogen würde man durch die Turnhalle fliegen, direkt in die Arme von Herrn Kanya, der einen Blick dafür hatte, wo man aufschlagen wird, und an der vorbestimmten Stelle Hilfestellung leistete.

Herrn Kanya erwählte ich mir über zwei Jahre zum Ersatzvater. Mein leiblicher Vater fehlte meinem Heranwachsen durch seine Arbeit und durch seine Krankheit. Ich beklagte diesen Mangel zwar nicht, doch ließ ich mich schnell auf ernst zu nehmende Männer ein, die mir ernst zu nehmende Ratschläge erteilen konnten.

Zum Beginn jeder Sportstunde hieß es, der Größe nach anzutreten. Wenn ich mich von der vorletzten Position in der Reihe weiter nach vorn mogelte, korrigierte Herr Kanya, selbst von niedrigem Wuchs, per Fingerzeig. Sein Sinn für die richtige Reihenfolge und seine würdige Erscheinung verwandelten die unwirtliche Turnhalle in einen Ort leistungsorientierten Friedens. Herr Kanya gehörte dem Sport. Seinen grünen Trainingsanzug zog er nie oder nur zum Schlafen aus. Nur in besonderen Fällen bewies er, daß sein Alter noch nicht gekommen war. Dann lief er auf Händen oder zeigte den Mädchen mit Leichtigkeit die Stufenbarrenkür.

Nachdem er gesehen hatte, daß ich meinen Körper den Gesetzen der Geräte wunderbar anzupassen vermochte, übertrug er mir das Vorturnen. Es war eine schmeichelhafte Angelegenheit, wenn ich aus der Riege treten durfte, um vor der Klasse das Rad zu schlagen beziehungsweise die Hocke übers Längspferd zu springen. Unter der Aufmerksamkeit aller Augenpaare zog ich das Sprungbrett weit vor das Hindernis, nahm Anlauf und – hopp. Herr Kanya, hinterm Pferd, hielt mich nach der Landung, als Zeichen purer Anwesenheit, mit kurzem Griff an der Schulter. Unter seiner Führung errang ich die Bronzemedaille zur Kreismeisterschaft im Geräteturnen von Kreis Gera-Stadt.

Leider ging Herr Kanya unmittelbar nach diesem Erfolg in Rente. Im blauen Trainingsanzug kam Herr Nofke. Plötzlich schienen mich die Geräte abzustoßen. Ich fiel von den Ringen auf den Rücken, rutschte vom Sprungbrett ab und rammte mir das Pferd in den Bauch. Ein Jahr später hing Nofkes Konterfei am Pranger neben der Eingangstür zur Konsumverkaufsstelle. Er wollte unbezahlte Waren mit nach Hause nehmen.

Nofke floh aus Weida – ich wandte mich dem Langstreckenlauf zu. Irrigerweise nahm ich an, daß ich bald zur Weltklasse gehören würde. Es schien mir

136

möglich, nach jedem 5000-Meter-Lauf etwa fünf Sekunden schneller zu werden, ohne daß es mir aufgefallen wäre, daß ich dann spätestens beim vierhundertsten schon vor dem Start ins Ziel schnellen müßte.

Nach dem vierten Trainingslauf fand die Kreisspartakiade der Leichtathletik statt, bei der ich das erste Mal gegen andere antreten sollte, um, wie man mir sagte, Wettkampferfahrung zu sammeln. Wettkampferfahrung hatte ich, sogar Medaillenerfahrung und Treppchenerfahrung – in einer Sportart, bei der man sich nicht so abhetzen mußte. Außerdem erschrickt der Mensch beim Startschuß, schon die Klappe von Nofke war mir zu laut. Durch Geräteturnen wird man daran gewöhnt, den Moment des Beginnens selbst zu erfühlen. Jeder macht sein Ding, und am Ende entscheiden die Zahlen. Es geht nicht so Auge in Auge, Zahn um Zahn, Knall und ab.

Nach dem ersten Kilometer war ich allein. Nach dem zweiten Kilometer führte ich das Feld an, nach dem dritten Kilometer wurde ich vom Ersten zum zweitenmal überrundet. Die Frage, warum ich das Ganze überhaupt mitmache, fing in den Lungen zu brennen an. Die Zuschauer versuchten mich zu übersehen, ich versuchte die Zuschauer zu übersehen. Pralle Waden stoben rechts an mir vorbei, in den Kurven lief ich schon außen, um den Tänzern der Entfernung nicht im Wege herumzustehen, denn als Stehenden müssen sie mich empfunden haben. Dann tat ich so, als hätte ich mir eine Blase gelaufen, was niemand interessierte – der Erste lief gerade ins Ziel. Ich nutzte den Augenblick und schlug mich in die Umkleideräume.

Ich bin in geordneten Verhältnissen aufgewachsen, die in erster Linie durch ihre Sauberkeit ins Auge fielen. Es gab ein Handtuch für obenrum und eines für untenrum, worauf Mutter immer wieder hinwies: »Das ist für obenrum. Das ist für untenrum.« Die Handtücher für obenrum waren in der Regel bessere, die für untenrum fadenscheinige. Manchmal, bei ausgewogener Qualität der Tücher, tönte eine Frage durch die geschlossene Badezimmertür: »Welches ist für untenrum?« Nur Mutter konnte es wissen, sie war mit der Wäsche vertraut und zeigte mir manchmal vor dem Wäschewaschen meine hinterlassenen Spuren.

Im Biologieraum löffelte ich am dritten Hungertag Schleimbrei, was dazu führte, daß ich meinen Darm vollständig entleerte. Diese Entleerung diente dem Plan, meine Darmflora und -fauna zu erforschen. Seit Wochen litt ich unter Schmerzen am hinteren Ausgang. Mir graute jeden Morgen vor der Pflicht, etwas von mir geben zu müssen. Die Psychologen haben dazu etwas gesagt. Dem möchte ich meine Erfahrungen hintanstellen.

Gründlich abzuwischen bedeutete wirklich, gründlich abwischen – mit Sehtest. Es konnte sich erst dem Ende neigen, wenn am Papier, das ich mir entsprechend tief hineindrückte, nichts mehr zu erkennen war. Über die Papierkonsistenz im Osten der sechziger Jahre ließe sich einiges vermerken. Ich will nur erwähnen, daß es zwei Arten gab: dünnes Kreppapier, welches, in die Länge gezogen, seinen Schmirgelcharakter fast aufgab, und dunkles, sehr reißfähiges Packpapier. Meistens lag zweiteres zum Kauf in Trömels Drogerie aus. Wenn ich allein in der Wohnung war, brüllte ich bei jedem gewaltsamen Eindringen laut auf und erhoffte die Spurlosigkeit. Noch mal und noch mal und noch mal. Eines Tages hatte ich mir die Rosette so wund gescheuert, daß die Notdurft mehrere Male hintereinander vermieden werden mußte. Dadurch schloß sich der Teufelskreis. Der Kopperbolzen wurde hart wie Beton.

Doktor Kummer verschrieb mir fünf Tage: drei Tage Schleimbrei, zwei Tage Tee. Dann sollte ich in die Poliklinik kommen, um mir von ihm durch ein Rohr hineinsehen zu lassen. Die Teetage verbrachte ich zu Hause. Ich zögerte den Dammbruch, besser gesagt, das Freisprengen der Quelle hinaus, bis es sein mußte. Mit einem riesigen Schrei gebar ich den Stein und lief aus. Es brannte fürchterlich. Mutter war auf Arbeit. Vater war auf Arbeit. Hubert war in der Schule.

Ich lag in einem winzigen, fensterlosen Behandlungszimmer mit gespreizten Beinen in den Halbschalen des gynäkologischen Stuhls, wartete eine Ewigkeit auf Doktor Kummer und fühlte mich ausgeliefert. Die Tür stand offen. Der Verkehr im Gang ging sehr nah an meinem nackten Unterrum vorbei, bis die mitleidigste der Schwestern meine Öffnungen mit einer Windel abdeckte. Doktor Kummer kam und flutschte in mich ein. Er hatte sein Rohr vorher in Salbe getunkt. Es brannte kein bißchen. Er wusch sich die Hände und verließ wortlos den Raum. Eine Fistel, wie sie Mutter befürchtet hatte, konnte es also, Gott sei Dank, nicht gewesen sein.

Fortan versuchte ich zwar den Körperteil behutsamer zu behandeln, doch stellten sich die alten Gewohnheiten wie von selbst wieder ein. Allein durch regelmäßige Blutungen wurde mir Doktor Kummers Trick mit der Salbe ins Gedächtnis zurückgerufen.

Im verflixten vierzehnten Jahr sah es Mutter endlich ein und sagte: »Laß dir doch vom Erbismann 'ne Hose machen.« Jahrelang trug ich die abgelegte dunkelblaue Hose meiner Cousine Uschi aus der Hafenstadt Hamburg, welcher es im Schritt an einigen Zentimetern fehlte. Zu allem Komfort war der Stoff dieser Hose elastisch.

Gudrun hatte mir auf dem Mansardengang vom Biologiezimmer zur Treppe gesagt: »Du schlürfst nicht so wie die anderen.« Als ich daraufhin zum erstenmal tanzen gehen wollte, zwang mich Mutter in Huberts Jugendweiheanzug. Ich stand den ganzen Samstagabend starr an der Säule des Makarenko-Tanzsaals. Es war das gleiche Gefühl wie in Huberts Badewasser – in der Zinkbadewanne an den Freitagabenden – als Zweitgeborener. Er badete als erster, furzte ins Wasser und lachte.

Der Erbismann schneiderte bei Kluges, Weidas ältestem Konfektionsgeschäft. Die Holztäfelung erinnerte an einen Herrensalon in England. Die Gesichter der Schaufensterpuppen waren fleischfarben angemalt, die aufgeklebten Augenbrauen und Frisuren wie mit dem Schrubber gekämmt. Ich betrat das Geschäft – es roch wie bei Kluges – und stieg die knarrende Treppe zum Erbismann hinauf. Er grunzte: »Herein!« Zwischen seinen dicken Lippen steckte ein kalter Zigarrenstummel. Er fragte kein Wort danach, wie die Hose aussehen sollte.

Der Erbismann ging um, nahm Maß, schrieb geschwungene Ziffern mit Bleistift in den Staub der Stoffe. Für sich selbst hatte der Erbismann eine Hose angefertigt, die seinem Bauch in vollem Umfang Rechnung trug. Außer uns war noch ein Torso anwesend. Der Erbismann verbrachte die Hälfte seines Lebens mit einer Schneiderpuppe. Die Ruhe hatte er von ihr übernommen.

Vor den ersten Änderungen dachte ich, die Hose sei für ihn bestimmt. Ich mußte mich überwinden und sagte endlich: »Bißchen weit.« Der Meister grunzte zuversichtlich: »Immer mit der Ruhe« und bestellte mich im Wochentakt zu verschiedenen Anproben. Drei Tage nach der letzten Maßnahme holte ich die Hose ab. Es war Freitag vor dem Samstag. Frau Kluge gab sie mir über den Ladentisch.

»Willst du sie nicht noch mal anprobieren?« Sie runzelte die Stirn.

»Nein, nein, sie wird schon passen.«

Meinen zweiten Tanzabend verbrachte ich beobachtend wieder starr an der Säule. Nur in einer bestimmten Körperhaltung zeichneten sich die Hosenträger nicht ab. Gudrun tanzte mit einem Kerl in Nietenhosen.

An echte Nietenhosen war schwer heranzukommen. Unechte lagen massenhaft im Kaufhaus herum. Echte von Levi Strauss kosteten 1974 fünfundfünfzig Mark. Die unechten aus Ostproduktion kosteten eigenartigerweise genausoviel. Man konnte sich ganz leicht lächerlich machen – man brauchte bloß das Ostfirmenstoffschildchen von der rechten Arschtasche einer unechten abzutrennen und dafür ein Levisschild anzunähen. Der über den Knopf getragene Pullover sollte der Hose Herkunft zusätzlich verbergen. Es war natürlich Illusion. Spätestens nach dem ersten Waschen flog der Schwindel auf, weil unechte anders bluten. »Zeig doch mal den Knopf.« – »Der ist mir abgegangen.« Und wirklich – anstelle des Ostmetallknopfs saß ein ganz normaler schwarzer Hosenknopf. Zwar konnte man dem Betrüger nichts beweisen, doch wußte jeder Bescheid. Sogar die Nieten waren ihm abgegangen. Dabei hießen sie doch Nietenhosen.

In meiner Biographie folgten auf zehn Jahre Greil-Schule Weida zwei Jahre Grotewohl-Schule Gera. Von dort aus ließ sich das monumentale Kaufhaus auf der Sorge in drei Minuten erreichen. Zur Zehnminutenpause von acht Uhr fünfundfünfzig huschte man schnell mal rüber. Um neun wurde geöffnet. Zwei vor neun stand eine Traube Jugendlicher in unechten Nietenhosen am Eingang vor dem Gitter. Verschlossen wie Waffenhändler warteten sie, bis das Gitter Punkt neun hochgekurbelt wurde. Zwischen Waschpulver und Damenstrümpfen stürmten sie über die Rolltreppe zur Abteilung der Jugendmode. Fast immer verwiesen die Verkäuferinnen auf ihr Sortiment an unechten.

Fast immer. Man mußte eben dranbleiben, bis man sagen konnte: »Ich hab' welche gekriegt.«

Petz hatte den kürzesten Heimweg. Er mußte nur die Treppen hinunter, an der Pestkanzel vorbei, durch den Torbogen, links über die Straße und unters Dach von Weidas Tankstelle. Rechts neben der Wärterloge ging es in Petzens Höhle, die einen entscheidenden Vorteil besaß: Die Alten konnten nur über einen langen dunklen Flur oder durch das Badezimmer zu ihm dringen. Infolge eines eigenen Zugangs zum Ort der Notwendigkeiten brauchte er sich tagelang nicht sehen zu lassen beziehungsweise kam nur zum Essen raus.

Dieser ungewöhnlichen Autonomie ist es zu danken, daß ich Petz häufiger als alle anderen Klassenkameraden besuchte, da es fremde Eltern in der Regel gut verstanden, für Beklemmung zu sorgen. Falls einer der beiden Elternteile wider Erwarten die Höhle betrat, raunzte Petz: »Was willst'n?« Fiel die Antwort zu nachgiebig aus, rief er: »Raus!«, und wenn das nicht reichte: »Ooaah, du nervst«. Mit der Taktik hatte er es geschafft, nur in dringenden Angelegenheiten gestört zu werden. Das war auch notwendig. Hätten die Alten von seinem Treiben Wind bekommen, wäre, gelinde gesagt, der Teufel los gewesen. Sie waren brave Kommunisten, was bedeutete, daß sie sich dem Klassenfeind, wo immer er ihnen begegnete, in den Weg stellen mußten, und sei es in einer Höhle, wo Petz Feindsender abhörte, weil er Liebhaber der Beatmusik war. Dazu bediente er sich seines ein Jahr jüngeren

Bruders Knochen, der mit ihm die Höhle teilte. Sie saßen am Lautsprecher des Röhrenradios und krochen fast hinein. Die einzige Beleuchtung im Raum ging von der Skala aus. Nach jedem Stück der Hitparade wechselten sie sich ab, eine Hand an den Knopf zu legen, durch dessen Linksdrehung das Gerät verstummte.

Meine Eltern legten zwar Wert auf geschnittene Haare, doch war ihnen der Klassenfeind egal. So konnte ich die Front langsam weiter hinausschieben. Meine Haare verlängerten sich vom Fassonschnitt über den Rundschnitt bis zum Schnitt, wo nur noch die Spitzen der Schere zum Opfer fielen, weil Petz sie führte. Wenn mir Mutter in den Ohren lag, daß ich aussähe wie ein Hottentotte, ging Petz vorsichtig ans Werk. Er nannte es »ausdünnen«. Man konnte ganz gelassen in der Höhle vor der Spiegelscherbe sitzen, ohne den Eifer eines Handwerkers im Frisörsalon mit dem Ruf bremsen zu müssen: »Nehmen Sie nicht zuviel weg.«

Da ich bei Petz ein und aus ging, nutzte er meine Erscheinung, um seine Position im Generationskonflikt zu stärken. Wenn er seine Alten agitierte, wog das Argument, daß seine Haare kürzer waren als meine, was wahr war, da er sich der Maßeinheit des Millimeters bediente. Gemeinsam mit seinen Eltern saßen wir am Küchentisch. Da führte Petz die Begebenheit mit meinem Haartrick ins Feld: In einer jener Schulstunden, deren man sich nicht erinnern könnte, hätte man nicht selbst Hand angelegt, riß ich mir meine sieben längsten Haare aus, knotete sie aneinander und hängte meinen Füller in einer winzigen Schlinge auf. Petz saß neben mir und schob das Ding mit dem Fuß über den Gang an die nächste Bankreihe zu Ellis Füßen. Dann bat er sie scheinheilig, den Füller aufzuheben. Als sie sich danach bückte, zog ich an der unsichtbaren Leine, so daß Elli ausrief: »Er hat sich bewegt.« Petz hob zum Schluß seiner Erzählung noch einmal hervor, wie wenig Haare doch ausgereicht hätten, um diese Entfernung zu überbrücken. Dann stellte er die Überraschungsfrage: »Was denkt ihr, von wem die Haare waren?« Er schaute die Frau an, dann den Mann, dann wieder die Frau, dann sah er zu mir und hörte grinsend seine Haare wachsen.

Frau Petz kommandierte liebevoll im Nach der Schule namens Hort, Herr Petz kommandierte als Organisator der Leichtathletik. Nicht, daß damit die Herzlichkeit ihrer Wesen verlorengegangen wäre, nur sprachen sie laut und abgehackt, wie man es von bestimmten Tieren als Bellen kennt. Die tiefe Stimme des kleinen Vaters unterschied sich von der aufgebrachten Tonlage der Mutter durch ein mehr zum Bären tendierendes Grunzen während der Denkpausen. Die Mutter arbeitete zusätzlich mit der Sprachmelodie einer Hort-Tante. Im Gegensatz zu ihr nannte der Vater seine drei Söhne beim Spitznamen. Neben Petz und Knochen existierte noch Fleppe, der dritte Bub im Bunde. Das vierte Kind, ein Mädchen, hieß Weib. Die Worte Petz, Knochen, Fleppe und Weib leuchteten als poetische Blitze im Sprachgewitter. Es konnte vorkommen, daß der Vater die Tochter Weib nannte, während die Mutter danebenstand, oder daß Petz seine Schwester rief: »Weib, komm her!«

Doch diese Direktheit wurde immer wieder von den Geboten der kommunistischen Kirche überschattet. Um nicht erpreßbar zu werden, weihte Petz weder Knochen, noch Fleppe, noch das Weib in sein illegales

Geschäft mit der Sehnsucht ein. Weidas Jugend war scharf auf Beatbilder. Man wollte sein Vorbild bei sich haben. Das machte sich Petz zunutze. Er hatte nur einen Mitwisser. Ich saß in der Höhle, als er mich hinter den Vorhang zu den Geräten rief. Auf dem rotbeschienenen Blatt an der Pinzette im Wannenbad erschienen die Umrisse von langbehaarten Köpfen, die ohne jeden Zweifel als »Shocking Blue« identifiziert werden konnten. Chemikalien, Stative und verschiedene Lichtquellen verliehen Petz die Würde eines Meisters, der das Unsichtbare sichtbar zu machen versteht. »Wenn sie das erfahren, ist das Kraut fett«, mahnte er mit belegter Stimme. Die Fotos wurden entweder unter Wäschestücken aufgehängt oder föngetrocknet. Petz wusch sich zur Tarnung vorher die Haare und lief durch die Küche an seiner Mutter vorbei. Er verriet mir nicht, woher die Originale stammten. Informiert wurde nur über das Notwendigste. Vom Verkauf der Abzüge mußte er die Finger lassen. Der Hort lag zu nah an der Schule. Ich übernahm diese Aufgabe auf Honorarbasis. Es gab Fälle, wo die Kunden nicht sofort nach Lieferung bezahlten. Bischof saß vor mir. Er nahm es mit dem Geld nicht so genau. Anläßlich einer russischen Vokabelarbeit drehte er sich herum und zischelte: »Weißt du die Fünf?« Ich wußte sie und stellte eine Antwort in Aussicht, wenn er seine Beatbildschulden begleicht. Bischof fingerte zwei Mark aus den engen Nietenhosen und gab sie mir hinterm Rücken. Ich vermachte ihm die Fünf im Moment des Besitzerwechsels.

Natürlich hatten wir immer nur wenig der heißen Ware bei uns. Die große Pause war groß genug, um in der Höhle Nachschub zu holen. Wir klimperten auf dem Reißnägelklavier herum, und Petz drehte bei weit geöffneter Tür das Radio auf volle Kanne.

Martin Schäfer: ein graugrün gekleideter sechzehn Jahre alter Mann, das Haar nach hinten geklatscht, pausbäckig, groß und nicht so schnell zu reizen. Je lauter ich diesen Namen ausspreche, um so größer wird Martin Schäfer, um so deutlicher höre ich sein tiefes, nasales Hohoho über allem Schulpausengelächter. Die voluminöse Stimme muß er von seinem Vater geerbt haben.

Das Stadion auf dem Roten Hügel war ein Stadion der Kreisklasse. Ein Ereignis soll dem Buch einverleibt werden, welches sich in keinem anderen Stadion abspielen konnte als in einem der Kreisklasse, wo man es nicht so genau nimmt. Ich kam gerade vom Weitsprung aus der Grube nebenan, da sah ich Martin Schäfer auf der Aschenbahn um einen der vorderen Plätze beim 100-Meter-Lauf ringen. Mit schweren Schritten walzte er in sehr engen Turnhosen Nofkes Stoppuhr entgegen. Wenn Martin Schäfer rannte, sah es gewalttätiger aus als bei anderen beleibteren Menschen, weil er die Luft trotz Kilos mit erstaunlicher Geschwindigkeit verdrängte. Müßte man von dieser Szene einen Film drehen, könnte man den Ton manipulieren: nichts außer Martin Schäfers Keuchen im Kampf gegen die Uhr und den Erschütterungen, wenn er es der Erde gibt. Auf den letzten zwanzig Metern müßte man dann aber jubelndes Gelächter und Applaus einblenden. Als ich die Aschenbahn erreichte, hatte der Läufer den Grund für die wohlwollende Stimmung schon wieder weggepackt. Schnecke rief mir zu: »Hast du gesehen? Martin Schäfers Eierlauf!«

Herr Schäfer war Hirte des Herrn in Weidas turmloser Stadtkirche. Die Kirchenuhr schlug nicht an dieser, sondern an der Wiedenkirche, der Ruine auf dem nächsten Berg, deren Mauern ein denkmalsgeschützter Turm vorstand. Wie bei Don Camillo und Pepone, dem kommunistischen Bürgermeister und dem katholischen Pfarrer in Italien, gab es auch in Weida einen Streit darüber, welche der Uhren zur rechten Zeit die Stunde schlägt, die weltliche am Rathaus oder die geistliche auf dem Wieden. Ich hörte dem Wettkampf von meinem Fenster aus zu. Heute würde man sagen, ich habe im Stereozwickel gestanden. Aus der Mitte schlug das Rathaus von Herrn Naujox: »Jetzt ist es um acht.« Von rechts schlug Schäfers Kirchturm: »Nein, jetzt ist es um acht.« Der letzte Schlag kam von links, von der Greil-Schule. Direktor Fischer war Naujox' Genosse.

Der Besuch in der Schuhfabrik war eine Jugendstunde, der Besuch bei der Armee war eine Jugendstunde, der Besuch im KZ war eine Jugendstunde. Am Ende aller Jugendstunden wurde Jugendweihe gefeiert.

Über dem Tor zum Lager stand: »JEDEM DAS SEINE«. Wir sahen in die Folterräume. Es war still. Die Krematoriumöfen standen offen. Der Raum war frisch geweißt. In der Baracke stellten wir uns vor, wie sechs Menschen auf einer so schmalen Pritsche schlafen konnten. Dann gingen wir in ein Haus, das sich als Kino entpuppte. Dort lief Tag für Tag der Streifen, wo man sieht, wie Menschenleiber von Planierraupen in Massengräber geschoben werden. Vor Beginn hatte die Platzanweiserin darauf hingewiesen, daß man hinausgehen darf, wenn einem schlecht wird.

In unserer Klasse mußte niemand kotzen.

Ich war ein junger Sozialist. Als solcher durfte ich an einem Treffen teilnehmen, welches nach mir und anderen jungen Sozialisten benannt wurde: »Treffen junger Sozialisten«. Aus jeder Klasse durften zwei Stück im blauen Hemd der Freien Deutschen Jugend in die Hauptstadt der Deutschen Demokratischen Republik fahren.

Warum sie mich gewählt haben, weiß ich nicht. Es mußte gewählt werden. Man wählte, als würde man ein Dreipfundbrot abholen, nicht mal kaufen, bloß abholen im Auftrag von Mutti. So tat man der Pflicht Genüge zu Ehren des x-ten Parteitags. Doch die Gewählten standen anders da. Die Erkennung durch ein großes Auge war den geschurigelten Jugendherzen so, als fänden sie ein Osternest. In Wirklichkeit mußte der Klassenverband ideologisch organisiert sein, was bedeutete, daß er dem Gruppenrat unterstellt gewesen ist, dieser der FDJ-Leitung der Grundorganisation, dieser der Kreisleitung der Freien Deutschen Jugend, diese der Bezirksleitung selbjeniger, diese der Bezirksleitung der Sozialistischen Einheitspartei Deutschlands und dem FDJ-Zentralrat in Berlin, diese allesamt dem Zentralkomitee der Sozialistischen Einheitspartei, dieses dem Politbüro, dieses dem Ersten Sekretär und Vorsitzenden des Staatsrates der Deutschen Demokratischen Republik, dieser dem Ersten Sekretär der Kommunistischen Partei der Sowjetunion und dieser Gott oder seinem guten Gewissen. Innerhalb der genannten Stufen wurde ich auf die zweite gewählt. Der Moment, in dem die Meute für meine Wahl zum Gruppenratsvorsitzenden ihre Hände hob, erhob ohne Zweifel auch mich. Das Wonnegefühl konnte richtungweisend sein und ist es in den meisten Fällen auch gewesen. Wenn mehrere für einen stimmen, denkt man immer, etwas Besseres zu sein. Für mich entsprach das einer Fahrkarte zum Treffen junger Sozialisten nach Berlin.

Schon in den Zügen von den Bezirkshauptstädten in die große Stadt flammte der Geist auf, der sich Stunden später am Ziel vereinen sollte. Man sang Arbeiterkampflieder oder benahm sich wie auf dem Bau. In manchen Abteilen ging die Flasche um, da es unter anderem galt, guter Stimmung zu sein. Der Umgangston zwischen Sozialisten und Sozialistinnen war burschikos, fast geschlechtsbefreit, wodurch, wie man feststellte, selten so viel koitiert wurde wie zum Treffen junger Sozialisten oder bei anderen Ereignissen, wo es darauf ankam, Gemeinschaftssinn zu präsentieren. Der Zug fuhr in den Berliner Ostbahnhof ein, die Fenster wurden aufgeklappt. Man winkte mit bunten Tüchern und roten Nelken, schrie waggonweise begeisterte Parolen von der Freundschaft zu allen jungen und alten Sozialisten. Fußballstimmung kam auf, nur daß man keinen Gegner hatte. Ich wollte mitbrüllen, schämte mich aber schon, nachdem ich mein erstes lautes Wort gehört hatte, und war wieder still.

Nach der Ankunft mußte ich meine Quartiereltern aufsuchen. Erstmals schlief ich bei mir unbekannten Leuten in einer Stadt, über die nur Großes berichtet wurde. Ich fuhr zum erstenmal mit der Untergrundbahn – an Tunnelkabeln entlang, die wie grafische Linien hoch und runter sprangen. Die Leute auf den Bahnsteigen taten ausnahmslos, als wären sie privat die Güte in Person, jeder auf seine eigene unpersönliche Art. Wenn die Züge ein- beziehungsweise ausfuhren, wurden sie aufmerksam oder bemühten sich, es nicht zu bemerken, was ich zwei Jahrzehnte später an den Geschäftsleuten in Flugzeugen beim Start wiedererkennen sollte. Der Triebwagen schob Luft vor sich her, die roch magnetisiert. In den Wagen standen die Mitmenschen dichtgedrängt, wie manchmal im Bus von Gera nach Weida. Man hat viel miteinander zu tun, wenn man so dicht zusammensteht. Beim Bremsen kämpfen alle gegen dieselbe Kraft an.

Am Alexanderplatz quoll ich die Stufen aus der Erde und stand in der schönen neuen Welt. Ein Zufall oder nicht – im Knäuel der Untergrundbahngänge wählte ich jenen Strang, der mich gegenüber dem Haus des Lehrers an die frische Luft entließ, gegenüber der gemalten Bauchbinde, die ich aus dem roten »Meyers Lexikon in drei Bänden« kannte: Riesige geschäftige Figuren in weißen Kitteln oder mit Grubenlampe, mit Hammer in der Hand, dem Bleistift hinterm Ohr und einem aus der Kitteltasche über das Herz hinausragenden Zirkel eilten dem Fortschritt voraus. Wieder hatte sich ein Künstler vor den Karren spannen lassen, was ich damals so noch nicht begriff, weil ich ergriffen war, nicht von dem Gemälde, davon verstand ich nichts, sondern davon, daß ich es schon auf einem Bild gesehen hatte. Glatt, wie geleckt, forderte die Fensterfront Achtung von einem jungen Weidaer Sozialisten, wie die Pyramiden der Mayaherrscher dem Urwaldbewohner Achtung abforderten. Die Herrschaften saßen auf der Plattform im Himmel – die Untergebenen kamen zu ihnen die Stufen herauf: »Dreh dich um!« Da stand der Fernsehturm. Vater! Im Jahre neunundsechzig reckte sich nur in Moskau ein noch mächtigerer Penis gegen die Götter, welche schwiegen, wie ich später erfuhr. Und was stand dort? Dort stand die Weltzeituhr, oder war sie noch im Bau? Mickrig lief ich umher, blieb da und dort stehen und schaute zu den hohen Dachfirsten, falls man überhaupt noch von Firsten sprechen konnte. Als Pilger, vom Mekka der jungen sozialistischen Baukunst überwältigt, widerfuhr mir die Aufhebung in der schlendernden Masse.

Ich verspürte Harndrang. Zwischen den Prachtbauten im Zentrum gab es keine Möglichkeit zu entwässern, der Asphalt hatte keine Fugen, in eine Kneipe zu gehen konnte ich mich nicht überwinden, und in einem Park verfolgte mich ein älterer Mann, der mich fragte, ob ich mal seinen Knüppel anfassen will. Ich fuhr ins Hans-Loch-Viertel, wo meine Quartiereltern wohnten. Im einzigen Gestrüpp trat ich natürlich ins Weiche und fühlte mich beschissen wie noch nie vorher im Leben. Die Gegend war fremd und tot – Betonquader, Straßen und flimmernde Fenster. Ich klingelte bei Mehnerts. »Wir dachten schon, du kommst gar nicht mehr.« Als über die Verteilung der jungen Sozialisten entschieden wurde, hatten Mehnerts einen Zuschlag erhalten. Die nächsten beiden Abende kam ich früher zu ihnen nach Hause. Sie schenkten mir zum Abschied das Buch »Im Labyrinth der Abwehr«, das ein sowjetischer Autor im Suff geschrieben hatte.

Schneckes Vater hatte eine Lederhand. Wenn er Schnecke schlagen wollte, mußte Schneckes Mutter Schnecke festhalten. Sobald die Stimmung den Siedepunkt erreichte, stellte sich die ostpreußische Mutter hinter Schnecke, welcher vom Vater betitelt wurde. Instinktiv spürte die Mutter, daß jetzt der Armreif um Schnecke gelegt werden muß, damit dieser nicht flüchtet. Dann schlug der Vater zu.

In der Neunten wurde ich mit Schnecke auf eine Schulbank gewürfelt. Er war ein Künstler. In den öden Stunden faszinierte er durch seine Bleistiftzeichnungen, die sich alle um ein Motiv rankten: das langgezogene Gesicht. Es variierte nur in seiner Größe. Es hing ganz von Schneckes Konzentration ab, wieviel Körper er gab, alles lang und dünn gezogen. Ein ovaler Kopf, der sich nach unten verjüngte, mit Ohren über zwei Drittel der Kopflänge. Keine weiten Fächer wie beim Elefanten, sondern schlanke Schläuche, an denen schmale, weit nach unten gedrehte Spiralen hingen. Die Augen hätten auf die Gleise gelegte Groschen sein können, von kunstvollen Rädern zu länglichen Oblaten gewalzt. Der Mund war spitz mit hohen Oberlippenhöckern, vergleichbar mit dem Maul eines Kamels. Die Gliedmaßen ähnelten Schachtelhalm.

Wenn Schnecke zu kritzeln begann, wußte man zwar, was dabei herauskommt, doch hatten seine Gesichter immer einen anderen traurigen Ausdruck.

Diese wunderbare Spannkraft, mit welcher Schnecke am Oberlauf der Weida auf dem SR 2 saß, diese aufgerissenen Augen – begeistert, daß seine natürliche Trägheit überwunden ist –, der herrlich lachende Mund, woraus die typischen abgehackten Kehllaute von höchstem Entzücken sangen, das wehende Haar, durch welches die Sonne schien, daß es aussah, als führe Petrus durch die Pforte, diese hochgerissenen Beine, überflüssige Stelzen mit Schuhen dran – Schnecke war ein Bild für die Götter. Er lenkte das Moped in vollem Karacho über die Wiese zum Ufer am Buchsbaum vorbei in die Fluten.

Petz, der Besitzer des Zweirads, fragte mich, nachdem wir dieses Schauspiels von einer Bodenerhebung aus ansichtig werden durften, vollkommen perplex: »Warum hat er'n das gemacht?«

»Na, Ulli, warst du wieder im Kino?« – »Klar.«

»Die Söhne der Großen Bärin« hatte Ulli Ritter älteren Schätzungen zufolge dreizehnmal gesehen. Das war der erste Film, in dem ein DEFA-Indianer die Hauptrolle spielte. Von Mal zu Mal wurde Ullis Gang schlaksiger. Mir hätte zu diesem Exzeß das Kleingeld gefehlt. Dabei zählte ich zu den Bessergestellten – Tante Hilde war Kartenabreißerin im Lichtspieltheater, einen Katzensprung vom Bermudadreieck entfernt. Sie schenkte mir nach jedem Zahltag zwei bis vier Freikarten – einen Teil des Lohns bekam sie in dieser Währung. Nach jedem Ersten scharwenzelte ich um Tante Hilde herum. Bevor sie die Billets herausrückte, mußte ich ihr erst von zu Hause berichten. Sie stand im Kittel auf dem Treppenabsatz, machte einen unruhigen Eindruck und hörte nie richtig zu. »Als red'st du gegen 'ne Wand«, hätte Vater bei ähnlichen Umständen verlauten lassen. Tante Hilde war im Dienst – das darf man nicht vergessen.

Wenn ich aus der ersten Abendvorstellung die Treppe hinaufging, stand das Foyer voller Besucher. Die nächste Besatzung des Traumschiffs wartete darauf, daß Tante Hildes Hände dem Abriß dienten. Entweder ich kam herauf, schlängelte mich durch die Massen, ging auf die Neustädter Straße hinaus und sah mir die Fotos noch mal an, bevor ich den Heimweg antrat, oder ich stand selber unter den Wartenden, weil ich in die nächste Vorstellung gehen durfte. Zwei vollkommen verschiedene Situationen: Man betritt das Kino – man verläßt das Kino.

Wirkungsvoll wurde unter Demnächst ein Film in den Schaukästen angekündigt: Der Busen eines leidenschaftlich dreinblickenden Rasseweibs folgte meinen Pupillen bis auf nächste Nähe. Man hatte ihn nur mit Tüll bedeckt. An mehreren Tagen stieg ich extra vom Fahrrad, wenn ich am Aushang vorbeikam. Die Frau verlor die Woche über nichts von ihrer Schönheit. In diesen Film offiziell zu gehen mußte ich aufgrund Tante Hildes ausschließen. Sie hätte es zu ihrer Schwester getragen, die immerhin meine Mutter ist. Ich mußte es vorziehen, den Desinteressierten zu mimen, wenn von Nacktem die Rede war.

Unmittelbar vor der ersten Vorstellung, als Tante Hilde schon die Türen an der linken Sperrsitzseite schloß, ging ich die rechte Treppe hinunter, verzog zur Tarnung das Gesicht, ließ die Freikarte von Tante Hildes Kollegin abreißen und setzte mich unter den Balkon. Meine Augen pochten im Atemrhythmus des Fotomodels. Sie war nur eine Episode von Onkel Benjamin, und ich war enttäuscht, daß es so schnell um sie geschehen mußte. Ich wollte es noch mal haben, bevor sie in einer anderen Stadt auftrat. Ein schwieriges Unterfangen – zweimal an Tante Hilde vorbei. Ich blieb den ganzen Abspann über sitzen, ging als letzter von der rechten Seite auf den Gang, verschwand sofort hinter dem Vorhang einer Notausgangstür, legte den Hebel herum und schlüpfte durch einen Spalt ins Gestrüpp. Von dort wollte ich mich zwischen »Augenzeuge« und Vorfilm zur zweiten Vorstellung wieder hineinschleichen. Bevor ich hörte, wie der Hebel von drinnen eingerastet wurde, rief Tante Hildes vertraute Stimme: »Da hat einer den Notausgang aufgemacht!«

Es nieselte. Ich befand mich in den sumpfigen Niederungen der Auma, glitt auf einer Böschung aus, blieb in der Dunkelheit an Stacheldraht hängen und erreichte durchnäßt und schlammbeschmiert den festen Grund der Clara-Zetkin-Straße. Ulli fragte in der Schule: »Hast'n gesehn?« Ich sagte: »Zweimal. Bin gleich sitzen geblieben.« Ulli darauf: »Ich möcht' auch mal 'ne Tante im Kino haben.«

Ich dachte sehr lange, daß die Kinder aus dem Schlitz zwischen den Brüsten der Frau kommen, was in der Hauptsache daran lag, daß meine Mutter, die ich nackt nie gesehen hatte, gut mit Besagtem bestückt war.

Der nervöse Herr Gündel, Biologielehrer, blieb dem Unterricht fern. Im Biologieraum klang noch sein »quatschen«, das er als einzig verständliches Wort des Satzes »Laßt das Quatschen« regelmäßig gebrüllt hatte. Herr Gündel wurde krank und wollte keinem zur Last fallen. Er nahm sich am Anfang der achten Klasse den Strick. Der Mensch wäre grad zu behandeln gewesen. Ich war gezwungen, die Aufklärung an mir selbst zu vollziehen, denn ohne das ich damit gerechnet hatte, war mir der Saft das erste Mal gekommen. Ich rieb so vor mich hin – das Gefühl wurde immer unerklärlicher. Als plötzlich diese Flüssigkeit hervorschoß, erschrak ich zu Tode. Alles, was ich wissen mußte, stand in einem Buch in der Erwachsenenabteilung der Stadtbibliothek.

Die Dame mit dem Datumsstempel verschwand in einem hinteren Raum. Beim Akt der Entwendung klopften die Schläfen. Sie kam mit Kaffee zurück, stempelte die Alibibücher.

Am Hang des Lindenwaldes las ich die Geheimnisse und sprengte ermuntert das Laub mit meinem Samen. Der Himmel trug weiß – die Bäume nickten mir zu.

Der Tag schwand, und das Filmplakat an der Wand floß ins Dunkel. Man konnte vom Bett aus nur noch ahnen, wie die Augen von Sophia Loren auf El Cids geblecktem Gebiß ruhten. Manchmal riß einen das Zucken noch mal zurück, bevor ES so lange die Arme schloß, bis der Wecker eingriff oder man mußte Blases Nachtruf Folge leisten. Dem Klogang im Halbschlaf ging zwar Ärger über das ungewollte Erwachen und ein gewisses Schaudern vor dem Außerhalb des Bettes voraus, doch während der Erleichterung setzte mehr als nur stoffliches Wohlgefühl ein. Man war Gast im Wachen. Wenn die Bettwärme wieder durch den Schlafanzug dringen konnte, durfte ES besonders sonntags stundenlang weitergehn.

Eines Samstags aber war die Hölle los. Schuld daran trägt ein verantwortungsloser Zeichner, welcher, offenbar aus purer Gewinnsucht, angstschürende Motive abbildete. Die Tuschezeichnungen hingen im Wartesaal der Zahnklinik Weida. Man sah darauf fortlaufende dramatische Szenen aus dem Alltag eines Dentisten und hatte keine andere Möglichkeit, als sie ausgiebig zu betrachten und auf das eigene Schicksal anzuwenden: Ein dicker Mann im Frack mit geschwollener Backe und Tuch um den Kopf wird vom Arzt begrüßt. Der Patient trägt den Zylinder in der Hand, während er die Schultern unterwürfig hängenläßt. Der Arzt, groß und schlank, im angedeuteten Kittel, weist zum Stuhl und grinst kaltblütig. Der weitere Zyklus kommt nicht ohne Schweißtropfen aus, vom Arzt aus Werktätigkeit, vom Patienten aus Qual geschwitzt. Der wackere Bursche macht dieser ein Ende, indem er mit beidhändig geführter Kneifzange, seine Füße gegen die Stuhllehne gestemmt, einen riesigen Backenzahn ausreißt und dem Patienten vor die Nase hält. Der hängt zusammengerutscht im Stuhl, als hätte man ihm das Skelett herausgezogen. Die Ausstellung wurde von Broschüren begleitet, die davor warnten, es so weit kommen zu lassen. Nach dem ersten Besuch mied ich die Zahnklinik wie der Teufel das Weihwasser, wodurch die Bilder an mir zur Wirklichkeit werden konnten.

Die kritische Phase war Samstagmittag noch nicht erreicht, obwohl der Kiefertrakt schon pulste. Gegen Abend begannen meine grausigen Gedanken an den Notdienst. Ich versuchte mich durch Musizieren und schöngeistiges Tun davon abzulenken. Ich hatte die irrige Ansicht, daß Schmerzen zur Schlafenszeit ebenfalls aufhören, sich toll zu gebärden. Dies trat auch ein, doch nur für den Moment, als ich bei Sophia um Gnade flehte. In der Nacht bäumte sich der Nerv auf und raste im zornigen Galopp durch den Schädel. Ich zerbiß den Bettbezug, versuchte zu weinen, nichts half. Da kam mir die entscheidende Idee mit der Kaliklora-Mundwasser-Flasche, die ich wegen des letzten nicht verflogenen guten Dufts aufbewahrt hatte. Diese kleine Plastikflasche mit Sprühverschluß wurde mir in dieser Nacht zur Schwester. Ich füllte kaltes Leitungswasser hinein und sprühte es gegen den Herd im Mund. Ich bin mir leider nicht mehr sicher, ob ich es

geschluckt habe oder ob eine Schüssel als Auffang-
becken diente. Wahrscheinlich habe ich anfangs geschluckt und später laufenlassen. Jedenfalls gelang es
mir so, die Krieger für Minuten zu besänftigen. Die Ka-
liklora-Flasche entglitt meiner Hand, der Schlaf löste
seine Bürgschaft ein. »Doch Weh! Sie kommen zurück
und reiten neue Turniere. Schnell hoch mit der Schwester zum Naß.«

Der Notdienst staunte am Sonntagmorgen, acht
Uhr, über das enorme Ausmaß meiner Wurzeln. Vater
empfing mich zu Hause mit dem geflügelten Satz:
»Schön, wenn der Schmerz nachläßt.« Ich begriff, wieviel Wahrheit darin steckt, und schmiß mich aufs Bett.
Unter des Cids Zähnen und Sophias tiefen Augen fiel
ich in einen noch tieferen Schlaf.

Der Lange, Fedja und ich fuhren gemeinsam aufs Land zur Tante des Langen. An diese Frau fehlt mir jede Erinnerung. Es könnte sogar sein, daß es gar nicht die Tante, sondern die Oma gewesen ist. Dagegen ist mir eine andere Frau dieser Reise lebhaft im Gedächtnis. Samstag nachmittags besuchten wir einen weiteren Verwandten des Langen, auf dessen Grad ich mich ebenfalls nicht festlegen kann, in der sechs Kilometer entfernten Stadt Apolda. Oder war es umgekehrt? Wohnten wir etwa in Apolda und besuchten den weiteren auf dem Land? Letztlich spielt es keine Rolle, weil sich der Ausflug zu folgender Episode verdichtet hat:

Wir saßen im dunklen Wohnzimmer des Verwandten und glotzten in die Röhre. Jeder nuckelte an seiner Flasche Bier, der Lange, Fedja und ich. Des Langen Verwandter war entweder schon schlafen oder noch mal weggegangen. Ich entsinne mich, daß der Lange die Flurtür von draußen ins Schloß zog, als wir uns nach dem Krimi Mitternacht auf den Rückweg machten. Zum Filmschluß hatte man die Vermißte endlich gefunden. Ihre Leiche saß angekettet unter Wasser zwischen Pflanzen im Bassin. Die langen Haare standen ihr als Fächer zu Berge und wogten in der Bewegung des tauchenden Entdeckers.

Ich wurde von dieser Findung dermaßen überrascht, daß es mir hinunterfror. Seitdem weiß ich, wie jäh ich mich erschrecken kann und daß es Menschen gibt, die auf den Gedanken kommen, Frauen unter Wasser anzuketten.

Der Lange, Fedja und ich gingen auf der Landstraße zwischen Feldern und sternklarem Himmel zur Tante zurück. Es war dunkel wie im Bärenarsch. Der letzte Bus schlief schon. Die Grillen und unsere Schritte hatten alle Geräusche erobert. Wir sprachen nichts weiter. Nachdem wir uns unseres Grauens über den Schluß versichert hatten, versuchte jeder auf seine Art damit klarzukommen. Ich nahm den Großen Wagen ins Visier, Fedja und der Lange blieben zum Pissen zurück. Als erster holte mich Fedja ein. Nach zehn, zwanzig Metern dachte ich: »Wo bleibt der Lange«. In dem Moment brüllte Fedja: »Die Frau!« Das war das Zeichen für den Langen: Kreischend kam er auf mich zugerannt. Sofort schossen mir die Tränen in die Augen. Ich entlud mich in einem heiseren Schrei und rannte ebenfalls, bis mich das Gelächter von Fedja und dem Langen vor der Kurve erreichte.

Auf Huberts Klassenfoto gibt es ein Mädchen, das alle anderen Kinder einen ganzen Kopf überragt. Sie steht am linken Rand, der Lehrer am rechten. Sicher hatte er das Bild extra so komponiert, denn selbst er mußte zu ihr aufschauen. Aus ihrer einsamen Höhe blickt sie sanft wie eine Giraffe in die Kamera.

Ulrike Gehrke wohnte hinter der friedensstraßeumschlängelten Gärtnerei. An der untersten Kurve, die Friedensstraße verläuft in einem auf- und einem absteigenden Strang, stand am Zaun eine Bank, die »Liebesbank«. Im Sommer hing ein Baldachin voller Birnen darüber, Wespen summten um die Griebse. Ulrike stieg auf die Bank und pflückte uns die größten Früchte. Wir saßen zusammengedrängt, so daß fünf, sechs oder noch mehr auf der Bank Platz hatten. Waren auch die beiden Armlehnen besetzt, stützte man sich mit einer Hand auf die Rückenlehne. Es ging darum, zur Bank an sich Kontakt zu haben.

Als ich von einer Wespe in die Hand gestochen wurde, bog Ulrike Gehrke ihren Hals, drückte ihren Mund auf die schmerzende Stelle und saugte daran. Dabei hielt sie meine Hand mit ihren langen schlanken Fingern.

Es gab eine Zeit, da ging ich auf eigenes Geheiß ins Bett – ohne »Verzögerungstaktik«. Vor dem Einschlafen dachte ich bis zu mehreren Stunden an etwas, worauf ich mich am nächsten Tag freuen konnte. »Heute« hatte sozusagen einen jüngeren Bruder – »morgen«. Der liebe Gleitschuhfahren, war bestimmt und hatte auch wieder einen jüngeren Bruder – »übermorgen«.

Ich wurde älter und interessierte mich aus mir damals unbekannten Gründen für den Studiofilm jeden Montag dreiundzwanzig Uhr. Man darf nicht denken, daß mich die Eltern mit fünfzehn einen Spätfilm hätten gucken lassen.

Ich ging extra zeitig ins Bett, um das Gefühl zu erzeugen, es wäre schon spät.

So legten sie sich um die zehnte Stunde schlafen. Sie wären zwar auch sonst nicht wesentlich später gegangen, aber jetzt waren sie innerlich ruhiger und schliefen mit Sicherheit spätestens halb elf ein. Ich lag im Bett und wartete.

Hier muß erklärt werden, daß bei vier von fünf Zimmertüren, die auf den Korridor führten, am Holz gespart wurde. Außer in der Badtür war statt dessen ein gläsernes Rechteck eingesetzt. Das Glas hatte eine Oberfläche, als wären Tropfen dicht nebeneinander festgefroren. Dreiundzwanzig Uhr schlich ich los. Die Türen hatte ich vorsorglich geschmiert. Wegen des flimmernden lichtblauen Lochs hängte ich meinen Ba-

169

demantel über die Scheibe der Wohnzimmertür. Besser, ich klemmte ihn zwischen Tür und Rahmen, was leichter gesagt ist, als daß es getan werden konnte. Ich mußte den Bademantel mit einer Hand oben in den Zwischenraum halten und mit der anderen die Türklinke geräuschlos bedienen. Die rechte Brust und das Kinn hatte ich dabei wegen des nicht unerheblichen Widerstands des Frotteestoffs gegen die Tür zu drücken. Halb eins schlich ich mich ins Bett zurück.

Gerade in der Nacht, wo ein Film laufen sollte, der dem Leib zu Leibe rückt, erlebte ich die heftigste UKW-Störung meines Lebens. Es war nichts zu erkennen. Gar nichts. Nicht mal menschliche Umrisse.

Mit der Halbierung zum reifen Geschlecht tut sich die Zeit auf. Man sucht mit Schritten wie auf dem Trampolin nach Löchern ins Selbstvergessene, zu denen man sowohl Mädchen als auch das Radio zählen konnte. Der einsame Gang mit der Heule gebar Wunder wie das folgende: Gonnermännchen, mit langem goldblonden Haar, ein Mädchen aus meiner Klasse, hatte es in sich. Ich verehrte sie wegen ihres Lachens und der sanften Handbewegungen. Zufällig trafen wir uns in der Stadt. Da kamen die Kinks mit Lola. Gonnermännchen blieb die gesamte Länge bei mir stehen, lachte und machte ihre schönen Bewegungen. Ohne Heule hätte sie gegrüßt – das wäre alles gewesen.

»Wolln wir mal rausgehen?« sagte Gudrun Thomas, die erste Frau mit Engelszunge. Unter der Laterne küßte ich sie ein wenig auf die Lippen. Sie zog mich ins Dunkle um die Häuserecke und erkannte mir ihren offenen Mund. Im Winter fuhr ich ohne Mütze mit dem Omnibus zu ihr nach Hohenölsen. Es riß mir fast die Ohren ab, aber die Chancen, ihr zu gefallen, standen ohne Mütze besser. Wir gingen spazieren. Da mir nichts Zündenderes einfiel, erzählte ich die Kurzgeschichte vom Handschuh für zwei Hände, in England erfunden. Es schien sie nicht zu interessieren. Die Tür, in der ich mich eben noch wähnte, schlug zu und verwehrte den Einblick in die Mädchenwelt. Ich bekam das Gefühl, etwas von ihr zu wollen, und hielt ihre kalte

Hand. Noch einmal wagte ich den Schritt ins Leben von Hohenölsen. Gudrun muß es gerochen haben und ließ sich von ihrer Mutter entschuldigen.

Die Figuren im Haus der Einheit drehten sich zum Tanz am Wochenende und lernten sich mit Absichten näher kennen: »Wolln wir zusammen gehen?« Bei den Rittern hielt dies dann ein ganzes Leben, wie bei Ulli Ritter – Zufall oder nicht: »Er hat es mit Gabi gepackt«, der Satz, von Karl-Heinz Bischof vor dem Haus der Einheit gesprochen, ist deshalb bedeutungsvoll, weil Bischof einen Blaupunkt aus dem Westen besaß, weshalb er nicht zu allem etwas sagen mußte.

Wir kamen uns auf der Geraer Straße entgegen – er seinen Blaupunkt in der rechten Hand, ich meinen Stern Smaragd, für den ich eben erst drei Wochen in der Wetron geschuftet hatte, in der linken. Meter bevor wir uns begegneten, nahm jeder sein Kind in den Arm und schaltete es ein. Als wir nebeneinander standen, hatte der Klang schon entschieden. Karl-Heinz wirkte sehr gelassen, als wäre er in Drachenblut gebadet.

Am ersten frühen Morgen mit dem Gerät machte ich Licht in der Küche, ging zum Tisch und drehte den Knopf. Schon das Knacken ist eine Messe für sich gewesen. Eine ultrakurzwellige Frequenz sendete »Oh, wann kommst du?« Es war gerade neu herausgekommen und klang, auf den Geschmack übertragen, wie frische Lukas-Semmeln mit Pflaumenmus, nur daß die Empfängnis durchs Ohr an ein weiteres Inneres dringt.

»Gabi hat sich beschwert, daß du überhaupt nicht rangehst«, sagte Tauchmann, von dem man wußte, daß er rangeht wie Blücher. Er meinte mit seiner Ansprache den Spaziergang hinter dem Wieden hoch und die

Stunde auf der Bank, was die einzigen Möglichkeiten waren, bei denen ich hätte rangehen können, aber dafür reichte es eben nicht aus.

Die Jugendherberge gewährte der neunten Klasse zwei Mädchen- und zwei Jungenzimmer. In der dritten Nacht schlug Tauchmann vor, zu den Mädchen zu gehen. »Wer kommt mit?« Im zweiten Bett links unten lag meine geheime Liebe. Ich beugte mich hinunter und fragte sanft wie ein Reh: »Darf ich reinkommen?« Gonnermännchen schlug die Decke zurück, ich legte mich neben sie, sie deckte uns zu. Wir umarmten uns in Schlafanzügen. Heißwangig flüsterte sie: »Mein Herz pocht.« Ich fragte: »Darf ich fühlen?« Als ich meine Hand zu ihrem Herzen hin in Bewegung setzte, flüsterte sie noch leiser, aber um so dringlicher: »Du kannst es auch am Hals fühlen.« Mit schlechtem Gewissen folgte ich ihrem Rat. Niemals mehr konnte ich mit ihr so zusammenstehen wie zur Zeit der Kinks. Tauchmann äußerte zwei Jahre später: »Gonnermännchen«, dann lachte er dreckig, »als du dran warst, war sie bestimmt noch knackiger.« Ich schwieg von ihrer Knackigkeit, weil mir zu sprechen nicht zustand.

Im Kinderzimmer saß ich auf der Sofakante mit dem Rücken zur Tür und schlug auf dem Polster den Rhythmus. Credence Clearwater Revival war in der Hitparade mit einer schnellen Nummer vertreten, bei der sie das Ende mit immer heftigeren Schlägen vollstreckten. Ich hielt es mit den Urvölkern, zuckte nach der Trommel und bemerkte meine Mutter nicht, die schon eine halbe Titellänge hinter mir stand. Mit dem letzten Akkord rief sie angewidert: »Jetzt bist du durchgedreht.«

Das Gespräch mit Gleichaltrigen über Vorlieben in

der Musik stand jenseits aller Versunkenheit. Um als eingeweiht zu gelten, mußte man die Gruppen schon nach dem ersten Ton erkennen. Wer die meisten Stones-Titel aufzählen konnte, war weniger angreifbar, wenn es in anderen Gefilden nicht richtig klappte. Günstig war, auf einem Gebiet gut Bescheid zu wissen. Das konnte Fußball sein, Mädchen oder Stones.

Über meinen Bruder war das Gerücht in Umlauf, daß er sich nicht auskennt. Aber es war eben ein Gerücht, denn er kannte sich aus. Nicht mit Mädchen, dann wäre er nicht mein Bruder gewesen, aber mit Fußball und Stones. Vom Internat brachte er eine Gitarre mit nach Hause, deren Schwester mir in die Hände wachsen sollte. Zu Weihnachten lag sie unterm Baum und lehrte mich der Träume Dämmerung. Frühlings saß ich im Fenster, ein Bein oben, klampfte und sang vom Haus in der untergehenden Sonne.

Vier Wochen Schufterei im Lederwerk entsprachen einem Tonbandgerät. An den Kühlrippen roch es besonders und entschädigte für die Nasenqual im Rohhautlager. Ich sang Atlantis auf Band und spielte es Ulli Ritter vor, der seiner Gabi davon erzählte, wie ich später von Bischof erfuhr.

Mit der hölzernen Schwester kamen die neuen Gangarten und mit Ute aus Kamsdorf das verliebte Spiel. Sie sang zur Gitarre, war vierzehn und ich siebzehn. Ihr älterer Bruder nahm mich zur Seite, erklärte, daß man in meinem Alter ganz andere Bedürfnisse habe, wofür ich das Mädchen nicht mißbrauchen dürfe. Ich versprach, dem Rechnung zu tragen, was mich wenig Mühe kostete, da ein unbeschriebenes Blatt keine üblen Nachrichten verbreitet.

Das erste Mal ging unbemerkt in die beige Hose. Ich saß auf einem unbemannten Garderobentisch. Sie stand zwischen meinen Beinen. Im Lokal setzte ich mich dann mit Anorak an den Tisch. Auf ihre Anfrage spielte ich einen Defekt am Reißverschluß vor. Sie muß über meiner Darbietung vergessen haben, daß man das Stück auch über den Kopf ziehen kann.

Stürmisch widerlegten wir die Worte »sturmfreie Bude«. Wenn wir die Kinderzimmertür hinter uns schlossen, schob sich mir jener Kloß in den Hals, der nach Musik verlangte. Bach, Orgelwerke hatte ich von der Musikbibliothek eigens zur Überspielung ausgeliehen, da der Schallplattenspieler im Wohnzimmer stand und zur Untermalung des ersten Aktes nicht dienen konnte. »Mach doch mal die Musik aus«, bat Ute, und dies war der letzte Moment, um das Endgültige abzuwenden, weil ein dafür notwendiges Utensil noch nicht bereitlag. Eines der wenigen Geheimnisse, die meine Mutter preisgegeben hatte, lag in dem Spruch: »Wo nichts reinkommt, kommt nichts raus.«

Das Haus der Einheit bot im Hygienetrakt ein gewisses Sortiment an, dessen ich mich am ersten späten Nachmittag meines achtzehnten Lebensjahres bediente. Das Produkt hieß »Gummifufftscher« und kostete fünfzig Pfennige. Wie ein Akzent in der Geschichte tauchte Tauchmann auf, sah, was ich zog, nickte mir zu und sagte: »Genau.«

Als Ute die Vorhänge zuzog, schoß die Stadt das Jahr ab. Auf dem Tonbandgerät lag mein schwerstes Gewicht: Toccata und Fuge in De Moll. Nackt krochen wir unter eine Decke. Oh, Schmach geheimer Vorsichtsmaßnahmen, oh, Pein des Vollzugs der beschlossenen

Sache. Die Angst schloß ihre Augen. Ute kamen unter meinem Ungeschick die Tränen. Wie aus Trotz hielt ich nicht inne.

Neujahr gingen wir zur »Schönen Aussicht« spazieren. Es war ein schweigsamer Weg, bis Ute fragte, ob ich nicht wüßte, daß Frauen ihre empfängnisfreien Tage haben. Am liebsten wäre ich in die Erde versunken und eierte herum, bis sie lachte und rief: »Du weißt ja gar nichts.« Zu Hause kam Mutter auf das Bettlaken zu sprechen: »Da habt ihr ja eine schöne Schweinerei gemacht.«

An den Wochenenden fuhr ich zu Ute nach Kamsdorf. Sie nahm mich weiter mit in ihr Bett unter der schrägen Mansarde. Nur ihre Großtante Minnl hat unser junges Treiben mit Fluch belegt. Wenn sie abwusch, grummelte sie in ihr behaartes Kinn. Einmal verstand ich: »Die Schlampe.«

Mit Ute hatte ich es zwar im Sinne von Tauchmann gepackt, aber nicht im Sinne von Ritter. Wir wurden auseinandergeführt. Nicht lange nachdem sie für mich Tausende Maschen an einem dunkelgelben ärmellosen Pullover gestrickt hatte, mußte ich zur Armee.

Vera Tschaplinas »Vierbeinige Freunde« sollte man gelesen haben, »Die Reise zum Pluto« von einem utopischen Schriftsteller, ein Karl-May-Buch, »Grimms Märchen« und einen Aufklärungsschmöker. Durch das Studium der Pixi-Bücher kann man sich den letzten moralischen Schliff versetzen.

Ich besaß sieben Pixi-Bücher, Werke im Format von zwei Dritteln Postkartengröße, bunt wie Ansichtskarten aus Alpach in Tirol, dick wie eine Scheibe Knäckebrot. Leider erinnere ich mich nur an die Titel: »Puff pata puff faucht der Puppenzug« und »Häschen Prosit wird aus Schaden klug«. In »Häschen Prosit wird aus Schaden klug« ging es um ein Häschen, welches unmittelbar nach der Geburt zu niesen anfing, wovon die Mutter den Namen abgeleitet hatte. Prosit, das Einzelkind, sieht zwei Vögel, rennt hin und will mit ihnen spielen. Die fliegen natürlich weg. Auf dem nächsten Bild sieht man Prosit aus dem Fenster fallen, indem er die Arme wie ein Vogel ausbreitet. Der Erzähler schrieb, daß Prosit vergessen hatte, daß er ein Hase ist. Am Ende sitzt er mit niedlich verbundener Nase auf dem Arm seiner Mutter, während er verspricht, nie wieder zu denken, er wäre ein Vogel. Brav.

Mit siebzehn Jahren fuhr ich im Zug nach Unterwellenborn und las. Da ging die Bahnpolizei durch die Wagen, zwei Bullen in dunkelblauer Uniform, Dick und Doof. Ich hatte meine Schuhe ausgezogen, sie konnten also wegen der hochgestellten Füße nichts sagen, gingen auch vorbei, wendeten sich jedoch vor der Tür um, und Doof stellte die Fragen: »Was lesen Sie da?« Siedendheiß fiel mir ein, daß mein Buch aus dem Westen kam und Gedrucktes aus dem Westen verfolgt wurde. »Ich guck's mir nur an«, nuschelte ich. »Ich hab' Sie gefragt, was Sie da lesen«, und Dick meinte: »Zeigen Sie mal her«, wobei er seine Hand nach dem Buch ausstreckte. Er blätterte darin, bis er die Made in Germany entdeckt hatte. Er hielt sie Doof unter die Nase, der wollte meinen Personalausweis und schrieb meinen Namen, meine Wohnanschrift und meine Personenkennzahl in sein Notizbuch. Dann sagte er: »Das Buch wird beschlagnahmt.« – »Kommt da noch was?« fragte ich den blätternden Dicken. »Das werden wir sehen«, antwortete Doof mit kaltem Blick nach unten.

Ich stierte aus dem Zugfenster. Das Buch war geborgt. Es war weg, und wer weiß, was da noch nachkommt. Ich ging in eine rote Schule. Wenn die das dorthin weitermelden, obwohl – was können sie mir – die können einem immer, wenn sie einem wollen. Ich hätte es nicht in der Öffentlichkeit lesen dürfen. Meine verfluchte Blauäugigkeit. So spannte sich langsam der Strick zwischen den Schläfen.

Währenddessen verbarrikadierten sich Dick und Doof in ihrem Dienstabteil, um den beschlagnahmten Donald Duck zu verschlingen.

Der Gäßner stieg als dunkle Wand hinter dem Elektrobetrieb mit Namen Wetron empor. Dieser Wald wirkte, von der Wetron aus betrachtet, wie ein Angebot zu fliehen, wenn man nach drei Stunden Arbeit zur Frühstückspause mit der Milch in der Hand unter freiem Himmel stand. Draußen winkte der Wald, drinnen kreischten die Feinmaschinen. Paletten voller Gehäuse und Kleinstmaterial wurden von Gabelstaplern herumgefahren und von Elektrokarren, die jeweils ein Mann mit den Füßen lenkte. Er stand breitbeinig und steif auf dem Trittbrett direkt hinterm brusthohen Frontblech und verlagerte seine Körpermasse nach links oder nach rechts. Auf langen Geraden sah er aus wie ein Titan, jedenfalls um den Mund herum.

Je kleiner die Bauelemente waren, die ein Ganzes letztlich ausmachten, desto öfter und schneller mußten sich die Männer und Frauen bewegen, um sie an der richtigen Stelle festzustecken, zu kleben oder zu löten. In gelenkeaufreibender Mobilität verbrachten sie ihr Leben mit den Teilen. Jedesmal wenn das Band stoppte, hörten auch die Werktätigen auf. Es ist eine Hölle, die von Mehrverdienenden erschaffen wurde, damit der Erwachsene beschäftigt bleibt und im Gäßner keine Dummheiten macht.

Von oben, vom Waldweg aus betrachtet, war die Wetron ein Sammelsurium dreckiger Dächer und Haufen verschiedenster Art – Kohlenhaufen, Schrotthaufen,

Müllhaufen, Schotterhaufen –, Haufen eben, welche entstehen, wenn eine größere Gruppe von Erwachsenen regelmäßig acht bis zehn Stunden beisammen ist. Der Werksschlot ragte weit aus der Körperschaft und trug deren Namen in großen weißen Buchstaben, an der Spitze das »W«, welches als Kreuz in meinem rechten Daumen hinterlassen bleibt, seitdem ich mich während der großen Ferien bei der Wetron verdingte. Ich mußte mit einer Kreissäge Isolationsröhrchen zerteilen. Mit der Zeit nimmt man die Zähne an der Maschine nicht mehr wahr. Die eigenen Bewegungen sind so vertraut, daß man meint, die Maschine würde gehorchen. Ein Röhrchen hatte sich verklemmt. Ich griff viel zu nah an die Schnittstelle. Das Sägeblatt teilte meine Daumenhaut wie die Röhrchen zuvor. Der Arzt sagte: »Da hast du aber Glück gehabt.« Er kann damit nur gesagt haben wollen, daß ich jetzt bezahlt Ferien machen darf, als Berufskranker gewissermaßen, oder daß ich bei der Verletzung geschickt zu Werke gegangen bin, ähnlich den Soldaten an der Front, die sich einen Durchschuß setzen, um wegzukommen. Mein Glück war ein Reflex.

Einen bezahlten Ferientag hat mir die Wetron gegönnt. Mit Daumenverband mußte ich wieder antanzen, wodurch die in Verstümmelung Erfahrenen sofort aus dem Nähkästchen plauderten. Der abgebrühteste Hund, ein kleiner Kerl mit Schnauzer, winkte per rechte Hand, woran bisher einzig der mittlere als vollständig ausgebildeter Finger überdauern konnte. Unlängst mußte der Daumen dran glauben. »Den hab' ich gleich selber in den Abfall gehaun«, brüllte er vor der pneumatischen Stanze, »das interessiert mich gar nicht mehr.«

Der Weg durch den Gäßner teilte sich hinter der Wetron. Links ging es hinunter zum Ufer der Weida, zur
Hängebrücke, an deren Tauen man sich mit beiden
Händen festhalten mußte, und rechts kam man nach
mehreren schlängelnden Kurven zur Schonung. Die
steilste Kurve konnte man durch eine Senke abkürzen.
Man rannte hinein, ließ sich förmlich fallen und rannte
mit Schwung, fast von selbst, wieder hinauf. Nachdem
ich vier Jahre nicht auf der Schonung gewesen war, sah
ich die zu Bäumen gewordenen, viel zu eng gepflanz-
ten Fichten wieder. Da hatte der Wald eine Armee bekommen.

Im Alter von fünf Jahren stahl ich vom Küchenbüfett
fünf Mark, um mir bei Jakobs ein Segelboot zu kaufen.
Natürlich bemerkte Mutter den Geldschwund, rech-
nete ihn aber einer Zerstreutheit zu, die sie sich nicht
erklären konnte. Als sie mich am gleichen Abend mit
dem Boot ertappte, fiel der Verdacht endlich auf mich.
Von ihr zur Rede gestellt, sagte ich den famosen Satz:
»Das hat mir ein Mann im Gäßner geschenkt.«

Nach vier Jahrzehnten wurde jene Brüderlichkeit wiederhergestellt, die zu Anfang meines Lebens zwischen Hubert und mir Bestand hatte. Die Jahre dazwischen verflossen im Delta der Lebensläufe. Würde man »Werft« als eine Metapher für Mutter hinnehmen, könnte man sagen, daß Huberts Schiff schon lange unterwegs war, als meines erst vom Stapel lief. Fortan kreuzte es die Linien, die er drei Jahre alleine ziehen durfte.

Mutter schob den Kinderwagen durch die Stadt, Hubert hielt sich mit einer Hand an der Stange fest. Rein ins Geschäft, raus aus dem Geschäft und weiter ins nächste. Manchmal blieb Mutter bei Leuten stehen, die sie zwar kannte, Hubert aber nicht. Kein Klatsch endete, ohne daß sich die Leute über den Wagen mit der schönen Decke gebeugt hätten, niemals gingen sie weg, ohne Mutter ein Kompliment zu machen. Wenn wir wieder allein waren, beschwerte sich Hubert: »Warum gucken die sich unser Baby an!?« Vielleicht konnte er sich noch daran erinnern, welchen Schrecken es bedeutet, wenn sich der Horizont plötzlich verdunkelt und ein fremdes grinsendes Gesicht am Himmel erscheint. Vielleicht empfand er auch die Monologe der Gebeugten als eine Zumutung: »Du, du, du ...« Daß er, wenn das Beschriebene eintraf, unruhig wurde, ist aus Muttermund sicher überliefert. Angenommen, ich fragte sie, wo Hubert in diesem Augenblick gestanden hat – ihre Antwort würde »daneben« sein.

Ende der fünfziger Jahre begann für Hubert die Schule. In den ersten Klassen hieß er bei den Mädchen »Professor«, später nannten ihn die Jungen »Mafftscher«. Einen anderen nannten sie »Humpa«. Da lag die Bezeichnung allerdings näher, weil Humpa einen Klumpfuß hatte. Er bewegte sich fort, indem er seine Hüfte mit erstaunlicher Geschwindigkeit zu drehen verstand. Die Eisenleiter zum Fünfmeterbrett im Sommerbad überwand Humpa wie ein Artist.

Wahrscheinlich war »Mafftscher« aus dem fremden Klang unseres Familiennamens abgeleitet. Die Kurzform hieß »Maff«. In meiner Klasse wurde diese dann in »Mief« umgewandelt. Nie ist es vorgekommen, daß wir uns zu Hause mit unseren öffentlichen Spitznamen bezeichnet hätten. Wenn wir in den Schulpausen aneinander vorüberzogen, konnte man weder aus Huberts noch aus meinem Verhalten den Bruder erkennen. Falls wir uns ansprechen mußten, gab es dafür einen triftigen Grund – eine Nachricht von zu Hause, die vergessene Brottasche. Wir standen kurz und karg wie Illegale beieinander, bis sich jeder wieder in seine Richtung trollte. Einmal mußte ich in seine Klasse, um ihm das Pausenbrot nachzutragen. Er kam gleich zur Tür, nahm seine Ration und wandte sich um.

Brüderlichen Beistand kannte ich aus den Märchen. Dort waren es mindestens fünf Brüder. Die Kraft, die von Brüdern ausgeht, setzt vielleicht erst dann ein. Durch einen Zeichentrickfilm bekam ich die Ahnung von Seligkeit, welche dem bloßen Dasein des Bruders zu verdanken ist: Zwei Könige spielten in komischen

183

Nebenrollen. Obwohl sie verschiedener nicht aussehen konnten, einer klein, dick und schwarzhaarig, der andere das Gegenteil, waren sie Brüder und kämpften gemeinsam gegen böse Mächte. In den ersten fünf Minuten des Films erfuhr man nur, daß der große Blonde meinen Namen trägt. Ich wünschte mir natürlich das unwahrscheinlich Naheliegende und saß allein mit diesem Wunsch im vollen Kinosaal. Es trat ein – der königliche Bruder hieß Hubert. Zweimal wurde das Namenpaar sogar in der richtigen Reihenfolge vom Sprecher benannt: »Hubert und Stephan.« Ich kam begeistert nach Hause. Hubert sagte: »Na und?«

Selten kam es vor, daß wir in derselben Mannschaft Fußball spielten. Wenn Hubert auf dem Schreberberg im Wechsel mit Peter Bauer sein Team aufrief, stand ich manchmal als letzter herum und Hubert war am Zug. Es blieb ihm nichts anderes übrig – er nahm mich mit skeptischer Miene. Eines späten Nachmittags fiel er beim Stromern von einer Weide in den Mühlgraben. Die ganze Bande lachte. Ein Hund bellte ihn an, als er aus der Brühe stieg. Ich schämte mich und wollte mit dem klitschnassen Bruder nach Hause rennen. Er sagte: »Was willst'n?«

Hubert saß über den Atlas gebeugt und flüsterte Städtenamen. Er kannte alle Länder und ihre Hauptstädte auswendig. Es waren über hundert zum Teil sehr schwer auszusprechende und noch schwerer zu behaltende Namen. Vater schenkte uns ein Briefmarkenalbum. Er hatte es selbst geheftet und mit Wohnzimmertapete beklebt. Hubert ordnete die in Tüten vorrätigen Marken nach Herkunft und Form. Die Dreiecksmarken bekamen eine eigene Seite.

Einmal ergab sich die Gelegenheit, daß ich Hubert verteidigen konnte: Er redete mit Thomas Patzig, dem älteren Bruder von Christoph Patzig. Da Hubert im Umgang mit Menschen still zu Werke ging, mußte er sich einiges anhören. So bezichtigte ihn Thomas Patzig der Unkenntnis moderner Musik. Hubert blieb stumm. Er hätte die Vornamen von Crosby, Steels, Nash and Young herunterrasseln oder darüber Auskunft geben können, welches Stück von Platz eins auf Platz zwei abrutschen wird. Ich konnte nicht an mich halten und klärte Thomas Patzig darüber auf, daß Hubert »Beatklub« guckt, wofür ich auf »Professor Flimmrich« verzichten müßte. Thomas Patzig staunte. Dafür lud Hubert am folgenden Samstag Frank Feist aus seiner Klasse zu uns ein. Dieser durfte wegen seiner Alten zu Hause nur Osten gucken. Die Flimmerkiste hatte schon begonnen. Hubert nannte mich »Märchenfan« und schaltete um. Der Lacher war auf seiner Seite.

Hubert erlernte das Schachspiel, lieh sich Schachbücher aus der Stadtbibliothek und las das Buch der Eröffnungen auf dem Sofa. Er brachte mir die Züge bei, ich besetzte die andere Brettseite. Er gewann Spiel für Spiel. Nur einmal stellte meine Mannschaft seinem König eine Falle. Hubert drehte sich plötzlich zur Seite, wischte mit dem Arm die Figuren vom Feld und nahm mich, weil wir uns nicht friedlich einigen konnten, in den Schwitzkasten. Er roch nach Vater, doch es paßte nicht zu ihm. Es war die letzte Rangelei, zu der Mutter ihren Satz beisteuerte: »Das geht so lange, bis einer heult.«

Es dauerte nicht lange, da ging Hubert nach Halle an die Arbeiter-und-Bauern-Fakultät. Seine Briefe kamen aus den Frankischen Stiftungen. Als wir ihn besuchten, zeigte er uns seine Bude, wo er mit fünf anderen Sechzehnjährigen hauste. Die zukünftigen Auslandsstudenten umsaßen je nach Familiengedenken das Zentrum des Raumes und opferten ihre Freßpakete.

Eine Fotografie zeigt Vater und Mutter auf dem Bahnsteig im Berliner Ostbahnhof. Mit Tränen in den Augen sehen sie hinauf zur Linse, zum offenen Zugfenster, an dem Hubert stand und fotografierte. Jeder Wagen wurde von einer Deschurnaja am Samowar begleitet. In Moskau reifte Hubert zum Manne und erkannte eine Frau mit Namen Brigitte. Die nächsten Fotos zeigen seine Hochzeit mit ihr. Er unterschreibt das Dokument mit schön geführter Hand. Darauf folgen Fotos von zwei Kindern auf den Armen von Oma und Opa.

Mit Familie kehrte Hubert aus dem Ausland an die heimatlichen Tröge zurück. Hier kann man den aus Bruderliebe fein gesponnenen Faden wiederaufnehmen. Vater war schon vor Jahren gestorben. Wir saßen bei Mutter am Mittagstisch. Es gab Rouladen, Rotkraut und Grüne Klöße – das Beste, was sie zu bieten hat. Sie bat uns: »Redet nicht wieder nur über Politik.« Es gab kein anderes Thema – Hubert stand als Betriebssekretär in Lohn und Brot der mächtigsten Partei des Landes, mir wurde gerade durch jene Partei ein Blatt vor den Mund gelegt. Ich fragte ihn, ob er das gutheißen würde. Er antwortete: »Wenn wir das so entschieden haben, hat das seine Richtigkeit.« Da riß der Faden wieder ab.

Wenige Jahre später wurde Hubert entmachtet. Er tat kund, daß er mich nun verstehen könne. Dieses

Verstehen geht so weit, daß er am Telefon zu unserer sorgenreichen Mutter sagte: »Solange ich lebe, schläft der Stephan nicht unter der Brücke.« Wenn ich Hubert und seine Familie besuche, gehen wir nachmittags zum Garten über die Saalebrücke. Vor uns springt Julia, das dritte Kind. Sie nennt mich »Lustiger Onkel«. Letztes Jahr mußten wir einen Umweg machen, weil Hochwasser die Brücke weggerissen hatte. Hubert zeigte zwischen den Zäunen: »So hoch hat es gestanden.«

Mutter sagte: »Der Kurt hat immer gearbeitet.« Ich fragte: »Aber hat der nicht Ziehharmonika gespielt?« – »Nu ja, wo er jung war, zu Hause.« – »Zu Hause?« – »Freilich. Ach, hier doch nicht mehr. Hier hat er doch gar keine mehr gehabt. Wo er jung war, zu Hause, Tanzmusik.« – »Mit einem Trommler zusammen.« – »Das weiß ich nicht.« – »Hat er mal erzählt.« – »Ja? Ja. Ja, der Kurt hat immer gearbeitet. Bloß, der Kurt hat sich nicht so überschlagen wie der Jorg. Beim Kurt ging alles langsamer, aber was er gemacht hat, hat gepaßt. Der hat immer gesagt: ›Wenn's nicht paßt, hab ich's nicht gemacht.‹ Der hat ja am Anfang alles gemacht, die Möbel und für uns – mein Bügelbrett, das Eckbrett, was wir hatten – wo hatten wir'n das? Beim Tröger, glaub' ich, in der Speisekammer hatten wir das Eckbrett, das hat der Hubert dann noch mit nach Rußland genommen. Das Konsolchen, das im Garten ist, weißt du, im Garten das Konsolchen. Kannst dich erinnern, nebe'm Kühlschrank dort drüben? Das hat alles der Onkel Kurt gemacht.«

»Hat der Hubert das Eckbrett aus Rußland wieder mitgebracht?«

»Nö.«

»Einen krummen alten Baum kriegst du nicht mehr gerade«, sagte Tante Hilde zwar über ihren Alten, aber auf Onkel Jorg traf das Sprichwort ebenfalls wie die Faust aufs Auge.

Tante Else war über der Wäsche gestorben – er veräußerte sein kleines Haus mit dem Acker vor der Tür, darauf er noch als Rentner, wie es hieß, flachlag, und verpflanzte sich zu einer Frau nach Gera-Lusan, in die Nähe der Schlachthöfe. Entweder wollte es der Zufall, oder der Onkel hatte sie absichtlich nach seinen Gewohnheiten ausgesucht, kurz, sie wohnte in einem der vielen viereckigen Blöcke, Ecke, unten. Als erstes galt es, den Balkon zu vergittern. »Die Brut hältst du dir doch nicht mit schönen Reden vom Hals«, sagte er mit der Selbstverständlichkeit der Wurst. »Komm, ich zeig' dir mal was.« Als Meister hatte er natürlich sein Werkzeug mit umgezogen und im Kellerregal verstaut. »Und wenn sie mir ganz dumm kommen ...«, im trüben Licht des Verschlages ließ er das Bolzenschußgerät schnappen. »Man hält es an die Stirn?« fragte ich. »Man drückt gegen die Stirn«, antwortete er.

Das kurze Stück dürftiger Wiese an der Ecke hinter dem Block hatte Onkel Jorg bestellt. »Warum soll das brachliegen?« bellte er durch das Gitter und sprach: »Hier kummt Muttererde hin, dann tu' ich hier Kartuffeln hin, hier Tumaten und hier kriegt die Frau ihre Gewirtze.« Je entschlossener er war, um so tiefer färbte

sich »o«, um so breiter wurde das »ü«. Seine neue Frau
hockte in ihrer Sofaecke und sah seiner Unruhe ängst-
lich zu.

Beim Biertrinken am Tisch mit drei Trinkern vergeht die Zeit auf ihre redlichste Weise, in der Klause gegenüber der Schule, neben der Post.

»Gehn wir?« fragte Wolfgang. Egbert und Helmut nickten. »Gehn wir«, sagte ich. Warm schlug uns der liebliche Dunst aus Qualm und Bier entgegen, wenn wir die Klause für zwei schnelle Große-Pausen-Biere betraten. Der erste Schluck war der beste, nach dem zweiten mußten wir zur fünften und sechsten Stunde zurück. Der Deckel blieb einstweilen stehn.

Kurz vor Schulschluß lockte Helmut mit den Karten. Er hatte sich wieder einen Grand ouvert zusammengemischt und hielt ihn hoch. Wolfgang, Egbert und ich dachten in dem Moment dasselbe: Aller guten Dinge sind drei. Schon zweimal war Helmut auf diese Weise enteignet worden. Daraufhin mußten wir den ganzen Nachmittag und die halbe Nacht mit dem Speckblatt aus der Klause spielen.

Skatspieler sprechen, wenn überhaupt, eine klare Sprache. Es gibt Spielregeln, die leider von Ort zu Ort variieren, sonst wäre es wie im Straßenverkehr. In Berlin spielt man zum Beispiel nach einem verlorenen Grand Hand automatisch eine Runde Bock und eine Runde Ramsch. Grand Hände werden dort öfter verloren als in Weida, zum Beispiel. In Berlin wird nur noch gebockt und geramscht. Dadurch kommt es zu barbarischen Rechnungen. Dort ist alles groß, in Weida alles klein. Weida liegt näher an Altenburg, der Wiege des Skats, wo die Regeln des Skatspiels eigentlich für alle Zeiten festgelegt wurden: Ramsch gibt es nur, wenn keiner was sagt.

»Geben, hören, sagen. Du hast gegeben, du sagst mir was«, Helmuts Segelohren glühten, ein Zeichen seiner hohen Konzentration. Er sagte »Du sagst mir was« in einem Ton, als hätte er sowieso mehr zu sagen. Dieser Vorgang heißt »Reizen«. Wolfgang reizte Helmut:

»Achtzehn!« – »Hm.« Helmut war gelassen. »Zwanzig.« – »Hm.« – »Zwo.« – »Hm.« – »Null.« – »Hm.« – »Vierundzwanzig.« – »Ja.« – »Siebenundzwanzig.« – »Ja.« Helmuts »Ja« wurde abgehackter. »Dreißig?« – »Ja!« – »Dreiunddreißig, fünfunddreißig, vierzig?« – Helmut trank einen Schluck und lächelte: »Sag mehr als achtundvierzig.« Wolfgang konnte nicht mehr sagen als: »Mußt du machen.« Egbert war schon lange weg.

Helmut nahm den Skat auf und warf mir, der ich gegeben hatte, einen verächtlichen Blick zu. Der Alte lag drin. Helmut wollte Eichel ohne Vieren spielen. Da hätte er sieben Trumpf gehabt. Jetzt nuschelte er: »Voll in die Scheiße gegriffen.« Nach dem Drücken sagte er angeödet: »Grand.« Wolfgang hatte auf Grand ohne Einem gereizt und eine Grün-Flöte mit zwei Wenzeln auf der Hand: »Spritze!« Helmut spielte eine Grün-Lusche aus. »Hast du keine Ässe, hältst du die Fresse«, hieß Wolfgangs einziger Kommentar. Helmut konnte mit dem Alten immerhin einen Stich machen. Egbert mußte wiehern, als Wolfgang laut von der Rechnung schwärmte: »Mit einem, Spiel zwei, Schneider vier, verloren acht, Spritze sechzehn, mal vierundzwanzig«, bei jeder Verdoppelung wurde er verheißungsvoller: »Das sind dreihundertvierundachtzig. Warum hast du nicht Hand gespielt? Hand wird nicht bestraft.« Für die verlorene Spritze gab es zwar eine Bockrunde, aber keinen Ramsch. Wir spielten um die Zehntel – am Ende hatte man höchstens zehn Mark verloren. In Berlin spielen sie um die Ganzen. Das letzte Bier, der letzte Schluck: »Heinz, zahlen« – mit geschwenkten Schultaschen nach Hause, wo wir zur Pein unserer Mütter nach Kneipe stanken.

»Du müßtest mal mit Onkel Alfred Skat spielen«, sagte ich zu Helmut auf den letzten Metern, bevor ich in die Friedensstraße abbog. Er war kurz davor, sich wegen des Alten die Haare zu raufen. Onkel Alfred war nicht kurz davor – er raufte sich die Haare und erweiterte die Skatsprache um die Bemerkung: »Das hab' ich nicht gewollt.«

Dann führten wir die Liste statt der Zettel ein. Gründe dafür kann man an den Haaren herbeiziehen. Einleuchtend klingt, daß beim abendlichen Abzahlen der Spielschulden schlechte Laune aufkam. Helmut schmiß mit Bierdeckeln, Egbert tauchte seinen Daumen in Wolfgangs Bier, der ihn rempelte. Das Bier schwappte über, und Egbert philosophierte darüber, was gewesen wäre, wenn ...: »Hätt' ich nicht den Daumen drin gehabt, wäre es umgefallen.«

Jetzt spielten wir bis Zwanzigtausend, egal ob in der Pause oder in der Klause oder im Eisenbahnwagen, in immergleicher Sitzordnung und trugen die Augen in eine Liste ein, besser gesagt, Helmut trug sie ein, der Verwahrer der Großen Liste, die machte seine Schultasche schwer.

In der Klasse galten wir als »Die Skatrunde«. Wir spielten bei jeder Gelegenheit. Es war das Interessanteste, was man unter den Bedingungen tun konnte. Ab elfter Klasse mußten wir mit der Deutschen Reichsbahn zur Erweiterten Oberschule nach Gera fahren. Helmut kam früh bei mir vorbei und klingelte mich aus dem Bett. Ich rannte zum Fenster, er rief: »Los, Skat spielen!« Wenn ich den Zug verpaßt hatte, stellte ich mich hinter dem Tunnel an die Straße. Helmut, Egbert und Wolfgang fluchten über die vertane Hinfahrt, weil mein Listenplatz nicht besetzt war: »Penner!« Nachmittags zur Heimfahrt drängelte sich Helmut als erster ins Abteil und knallte seine Tasche auf die Sitzbank. Er war schon am Mischen, als Wolfgang bemerkte: »Du sitzt auf dem falschen Platz.« Dies ließ die Liste nicht zu.

Als Egbert die Neunzehntausend erreicht hatte, wollte er die Liste auf dem Weg von der Bahnhofsgaststätte nach Hause einsehen. Es war noch hell. Im Herbst hatten wir sie begonnen. Jetzt lag Schnee. Doch was tat Helmut? Er formte einen Ball aus dreckigem Schnee vom Bahndamm, traf Egbert in den Kragen und rannte durchs Wäldchen davon.

Am nächsten Morgen standen wir wortkarg und mürrisch am Zug. Diesmal kam Helmut auf den letzten Drücker. Wir sahen schon von weitem, daß er seine Schultasche wie früher schwenkte. »Zeig mal die Liste«, forderte Egbert im Abteil. »Die hab' ich vergessen«, gähnte Helmut und legte seinen Kopf an die Gardine. Ich wurde plötzlich ebenfalls sehr müde. Wolfgang, mit Achtzehntausend, lästerte: »Ihr habt wohl den Arsch offen?« Da er »ihr« gesagt hatte, mußte ich wenigstens fragen: »Wieso ›ihr‹?!« Wolfgang und Egbert zupften Helmut an den Ohren und zausten sein Haar. Davon erwachte dieser, nahm die Karten aus der Jackentasche, öffnete das Zugfenster einen Spalt, zog den Alten und schob ihn durch den Spalt ins Freie. Dem folgte der Grüne, dann der Rote, dann der Schellene. Egbert und Wolfgang zeigten ihm den Vogel, standen auf und verließen das Abteil. Helmut wollte mich anquatschen, doch ich schlief zu fest.

So fand »Die Skatrunde« ein unrühmliches Ende. Die Liste war für Weida zu groß gewesen. Nun saß ich im Feldschlößchen mit anderen am Tisch und trank schneller das Weidaer Bier. Ulli Ritters Vater stand am Hahn. Sein Schnauzbart erinnerte an einen Großen. Ulli Ritters Mutter briet in der Küche die Schnitzel. Nach acht Bieren und einem Schnitzel verließ ich das Palais, brach auf dem Heimweg Zaunlatten ab oder klingelte bei wildfremden Leuten.

Eingehenkelt gingen die Schwestern unter den Eichen des Semmelweis-Parks spazieren. Sie hatten ihre Hände in die Pulloverärmel zurückgezogen, ihr Gang glich dem Treiben der Schwäne. Ich saß auf der Bank und las, wenn sie auf mich zugingen. Wenn sie vorbeigegangen waren, sah ich ihnen nach. Für den Fall, daß sie sich umdrehen würden, bewegte ich nur meine Augen, nicht den Kopf, bis sie in der Schwesternschule verschwanden.

Sie schliefen im Schwesternwohnheim bei Dreikorns auf dem Schreberberg. Wären wir nicht in die Friedensstraße umgezogen, hätte ich nachmittags den gleichen Weg gehabt.

In der Otto-Grotewohl-Schule wurde man vor die Wahl gestellt: Entweder das Bild oder die Musik. Durch Hans Weisers geflügeltes Spiel und meine eigenen Bemühungen um die erste Lady, wie ich meine Gitarre nannte, stand ich vor keiner Wahl, sondern ging schnurstracks zu Herrn Große – der spielte nicht auf einem Flügel, sondern saß am Klavier und knödelte. Ich mußte lachen, als er gleich beim ersten recht einfachen Volksliedchen danebengriff. Keine Phrasierung, kein Fluß, nur nackte Angst, sich zu verspielen. Hinter den Brillengläsern starrten seine Augen weit aufgerissen auf des Notenblatt. Großes hohe Stirn wogte – doch nicht im Klang seines Spiels, sondern in einem ungewissen motorischen Kraftakt.

Üben, Herr Große, dachte ich, entweder man bringt's, oder man bringt's nicht. Wer es nicht bringt, soll nach Hause üben gehen. Einige Musiker sind der Ansicht, man würde dadurch den Kollegen in den Rücken fallen. Das ist bis zu einem gewissen Maß richtig. Von Große wurde dieses Maß unterschritten. Zur Entspannung legte er die eine oder andere Schallplatte auf und ermunterte uns, bequem zu sitzen. Er fand, man müsse bequem sitzen, um Musik richtig hören zu können. Ich legte meinen Kopf in die verschränkten Arme auf der Bank und schlief, bis der Diskjockey eigene Ambitionen verspürte und in die unseligen Tasten griff.

Eines Unterrichts brachte ich meine stahlsaitenbezogene Konzertgitarre mit. Beeinflußt durch den Klang von Neil Young fand ich Stahlsaiten damals besser als Darmsaiten. Herr Große lächelte und sprach von Bereicherung des Unterrichts. Ich zog die Lady aus dem Beutel. Sie war viel tiefer gestimmt als das Klavier. Ich mußte sie weit hochdrehen. Es war, als würde ich meine eigenen Nervenenden aufspulen. In dem Zustand schlug ich die Akkorde zu »Partisanen von Amur«. Große verzierte die Melodiestimme an den überraschendsten Stellen mit Halbtonschritten und knödelte bei der Zeile »Wolodschajeweska genommen« so, wie ich bis dahin keinen und auch später nie wieder einen Menschen habe knödeln hören.

Danach ruhte die Lady mit dem Rücken auf dem Tisch, an dem ich neben Petra Parlowski, ehemals Elli, gesessen hatte. Plötzlich tat es einen Donnerschlag: Der mörderische Zug von sechs Stahlsaiten hatte den Steg von der Gitarrendecke gerissen und Millimeter an Ellis Kopf vorbeitorpediert. Dem Laien zur Erklärung: Allein die tiefe E-Saite wird mit einer Kraft von über einem Zentner auf den richtigen Ton gespannt. Steg heißt das Ding, worüber die Saitenschwingung in den Korpus wandert, ein Stück Holz, groß wie ein Zwanzigzentimeterlineal, auf die Gitarrendecke geleimt, denn eine Gitarrensaite hat zwei Enden: Eines am Kopf, eines am Steg. Hätte es der Lady den Kopf gekostet, wäre ich gemeint gewesen. So saß Elli in des Schicksals Sperrgebiet. Sie fror zu Wasser – in dem Moment hatte sie sowohl eine Gänsehaut als auch Tränen in den Augen.

»Das ist eben keine Stahlsaitengitarre«, versuchte sich Große herauszureden. Langsam begriff er die Gewalt, welche Elli nach dem Leben getrachtet hatte. Er wußte, daß sein Klavier fast eine kleine Terz zu hoch gestimmt war – das Aus für jeden Holzleim. Am nächsten Tag fing er mich an der Treppe ab. Er wirkte übernächtigt. Wahrscheinlich hatte er sich Zeit genommen, um die Variationen seiner Unschuld durchzuspielen. »Was halten Sie davon, wenn die Schule die Reparatur bezahlt?« fragte er mich ohne Umschweife. Ich hielt viel davon.

1973 hingen in Weida Plakate, auf denen die Zahl 1955 groß und schwarz in die untere Hälfte gedruckt worden war. 1972 stand 1954 darauf, 1971 1953 und so weiter. Rechnet man die Differenz aus, kommt man auf achtzehn Jahre. Oben prangte fett: »Musterung«. Ernste junge Männer standen davor und lasen das Kleingedruckte. Wohl dem, der ein richtiges Leiden hatte. Ich war gesund, als ich volljährig wurde – damit hatten sie mich für achtzehn Monate am Arsch. Von jedem abgelaufenen Jahr wollten sie den zwölften Teil, als hätten sie die Kindheit gegeben und man müsse nun die Schulden zurückzahlen. In der Schule sprachen wir über Möglichkeiten passiver Verweigerung. Sven, ein Judoka, zog in Betracht, daß er am Tag vor der Musterung ein halbes Pfund Butter fressen könnte, um das Blutbild zu verzerren. Ludwig, auf einem Auge blind, spielte, daß er auf beiden Augen blind wäre.

Der Arzt sagte: »Tauglich«, bevor ich in das Zimmer der drei Offiziere gerufen wurde, die den Staat vertraten und mich davon überzeugen wollten, lieber drei Jahre als achtzehn Monate zu dienen. Ich wollte doch studieren, was den Staat immerhin auch einiges kosten würde. Da hätte ich doch eine schöne Gelegenheit, meine Dankbarkeit zu zeigen. Außerdem gäbe es während dreier Jahre die ein oder andere Vergünstigung, nicht zuletzt richtiges Geld – und Geld will schließlich jeder junge Mann verdienen. Sie fragten mich, auf welcher Seite ich stehen würde. Ich sagte natürlich: »Auf Ihrer.« – »Und?« wollten sie wissen, würde ich meinen Namen unter das Papier setzen, das sie mir schon über den Tisch geschoben hatten. Ich mußte mir genauestens überlegen, was ich tun sollte, denn mit dem Studieren hatten sie recht. Ich sagte: »Nein.« – »Wie nein.« – »Na, nein.« Sie waren konsterniert, zumal ich vorher zu allem »Ja« gesagt hatte. Ich setzte zum großen Wurf an: »Ich will fünfundzwanzig Jahre dienen.« – »Was!?« – »Ja!« Sie holten die Flasche aus dem Aktenschrank, schlossen die Tür ab und erzählten Geschichten von der Waffenbrüderschaft. Als ich bekanntgab, daß ich als Pilot zu den Luftstreitkräften gehen wollte, gerieten sie ganz aus dem Häuschen und brachten einen Trinkspruch auf meine Gesundheit aus.

Man müßte in den Akten nachsehen, um herauszufinden, in welcher Stadt ich gewesen bin, da sie mir nun die Pilotentauglichkeit beweisen wollten. Wieder zeigte ich mich dem weißen Mann, der mir Kabel anlegte und in der Zentrifuge meine Schwindelfreiheit prüfte. Ich wurde herumgewälzt, herumgeschleudert und anderen extremen Belastungen ausgesetzt, wie es sich ein Besucher im Vergnügungspark wünschen würde. Nach dem körperlichen Teil der Prüfungen wurde auch diesmal der Geist auf die Probe gestellt – doch hier nur von einem Offizier. Vor ihm lagen meine Werte. Bis auf das Blutbild war alles in Ordnung. Er fragte mich, ob ich irgendwelche Beschwerden hätte. Ich sah ihm ernst in die Augen und gestand ihm eine Schwäche meines Herzens: »Manchmal schlägt es schnell, kurz hintereinander zehn dumpfe Schläge, dann ist Pause, die mir angst macht, dann geht es normal weiter – bis zum nächsten Anfall.« Er schickte mich ins Wartezimmer. Fünf Minuten später rief er mich wieder zu sich und sagte: »Mit dem Pilot, das wird nichts, aber Sie können zum Bodenpersonal.« – »Schade, ich wollte so gern Pilot werden«, nölte ich, als wäre ein Zukunftstraum zerplatzt. Ganz nebenbei fragte er am Schluß: »Wie sieht's mit drei Jahren aus?« – »Och nöh, das dann auch nicht.«

Kalt ist der Morgen, halb vier, wenn die Arbeit ruft und der Wecker gellt. Zwei Blechdeckel scheppern vom Stuhl neben dem Bett in die schwarzgenarbte Emailleschüssel. Nur mit dieser Konstruktion konnte ich den Schlaf überlisten, der mich fest umschlang, weil er nicht mitkommen und nicht allein bleiben wollte im Bett meiner Jugend. Tiefer Schlaf.

Die Züge auf der Strecke nach Mehlteuer rollten nachts lautlos vorüber. Ich hörte die Lokomotiven nicht, wenn sie hielten und pfiffen wegen des Signals vor dem Haus, da der alte Bräu über der Verantwortung für dieses Signal und einen beschrankten Bahnübergang ja hätte eingenickt sein können in seinem Wärterhäuschen mit Kleingarten, wo Fußbälle gestochen wurden, weil das Hirn des Alten im Krieg vergreist war. Bräu besuchte mich in meinen frühen Alpträumen auf der Eiche am Bahndamm. Er legte aus dem Gestrüpp jenseits der Gleise mit dem Finger am gestreckten Arm auf mich an, als ich die oberste Astgabel, die zu erklettern möglich war, fast erreicht hatte.

Wer kann schlafenden Körpers essen? Nur der versklavte Geist heißt einen, aufzustehn, den Urin abzuschlagen und zur Hölle zu gehn, wo es dreckig ist und wo die Luft weh tut. Von den süßen Seufzern der Hölle schreibt nur ein Schwachkopf, der die Vereinigten Lederwerke Weida nicht kennt. Man muß schon dagewesen sein, um mitreden zu können, aber um hinzukommen, muß man an Bräu vorbei, dem Schrankenwärter auf dem Weg zur Hölle.

Inmitten gigantischer, sich drehender Fässer voller Kuhhäute zwischen Kerlen wie Goliath zu stehen und die Fässer im Akkord leeren und füllen, leeren und füllen zu müssen, während jede nasse Haut das Gewicht eines Schweins auf sich vereint und die Nässe nicht behält, ist angesichts meiner Statur die Hölle. Und nichts, woraus man einen Vorteil ziehen könnte. Lauwarme Brühe rinnt die Arme runter, die dem Faßschlund irgendwo über dem Kopf eines der Bälger zu entreißen versuchen. Sie rinnt am Leib zu Boden, über die Schulter, den Rücken, durch die Arschkimme, teilt sich und füllt die Stiefel gleich hoch – gerecht, wie nur Wasser und meine Mutter sein kann. Hubert und mir ließ sie immer gleiche Teile vom Gleichen zuteil werden. »Alle beide gleich«, murmelte sie vor sich hin.

Nach drei Stunden Kampf mit der Ohnmacht brüllt die Werkssirene, der Ochse. Man darf essen, trinken, rauchen, scheißen, fünfzehn Minuten lang, dann brüllt der Ochse die klitschnassen Leiber zurück an die Fässer zum Leeren und Füllen. Wer trägt all die Schuhe, was denkt sich die Frau mit dem Schuhtick, wenn sie spitzmündig durch die Regale hetzt. Sie denkt an sich und daran, was sie von der Erde trennt. Möglichst trocken soll es sein, und gut aussehen soll sie, die Kuh.

Auf der Treppe zur Werkskantine rieche ich einen bekannten Mann aus dem Rohhautlager, Onkel Alfred. Sein offenes Bein steckt im Gummistiefel. Es ist, wie gewohnt, gewickelt. Er hat einen süßlichen Zug um den Mund, als wäre er im selben Moment, wo er gerade ein Kompliment machen wollte, erstochen worden.

Onkel Alfred hofft auf eine Stelle als Nachtwächter und redet jedesmal, wenn wir uns begegnen, ganz unvermittelt darüber, daß seine Tage im Rohhautlager gezählt seien. Niemand weiß von wem, denn er erklimmt nur Berge gesalzener Haare, stört fressende Fliegen und schichtet die Häute, an denen verweste Fleischfetzen kleben.

Vor neun Monaten ist einer in einen Kessel Gerbsäure gefallen. Er schwamm nur kurz herum und wurde gleich herausgezogen – trotzdem, heute steht er unbehaart an seinem Platz am Kessel und sagt: »Mit den Haaren hab' ich keine Probleme mehr.« Er könnte wieder hineinfallen, man würde es ihm nicht ansehen.

Der Gestank ist nur Luft und dringt bis ins Herz. Man hält es nur deswegen aus, weil die Nase nach einer Minute abschaltet, ein Gerücht, von Schieferdecker in die Welt gesetzt. Der geringschätzige Blick der Bürofrau, als ich in der Kantinenschlange zu dicht hinter ihr stand, weil es schnell gehen mußte, war wie ein Schuß aus dem Bolzenapparat.

Auf den unteren Stufen der Zähmung des Leders gewöhnt man sich den Ekel ab. Hier sind Männer unter sich. Die einzige Frau, in der Arbeitskluft schwer auszumachen, trägt den bezeichnenden Namen »Fotze«. Gelegentlich – in den Pausen – wird sie von einem Goliath beiseite genommen, nachdem dieser den Mittelfinger der rechten Hand in Achsfett getunkt hat, wenn alle Fässer stillstehen zum Schlagwerk der Tropfen an die Ränder des Schlafs.

Man muß in der Hölle wachsam sein, sonst fällt man in siedende Säure, wird von Abrichtungsmaschinen zerhackt, von Transportpaletten gequetscht, erschlagen, lackiert und getrocknet. Keiner bewegt sich so geschmeidig durch die Fallen wie der Meister: Horst Rippe. Man sieht ihm an, daß er schwul ist, er reibt die Eier beim Gehen und schlägt sich ständig mit einem Schlüsselbund die linke Hand. »Der hat 'ne Klobürste im Arsch«, kichert ein Goliath, daß es nur die Fässer hören. Horst Rippe macht mir schöne Augen, doch ich habe mich dem Leder verschrieben, folge ihm durch den heißen Windkanal und friere auf dem Heimweg bis zur geschlossenen Schranke an der Strecke nach Mehlteuer. Bräu steht auf der anderen Seite und nimmt mich ins Visier, einhundert Meter weiter steht der Zug, das Signal auf »Halt«. Um das Signal zu bedienen, muß Bräu ins Wärterhaus gehn.

»Bräu, laß mich durch! Ich will nicht enden wie mein Opa, daß mir ein Kind Abendbrot bringt, weil ich Nachtwache halten muß am Tor der Schuhfabrik.« Ich müßte Maschinenschatten, schlafende Insekten mit Taschenlampe kontrollieren und den Leibeigenen des Leders morgens Eintritt gewähren, wenn sie aus dem Schlaf direkt in die Hölle kommen. Dann würde ich abgelöst von einem, der früher Fährmann war, und schlafen gehn.

Opa saß an den späten Nachmittagen, wenn die Sonne den röhrenden Hirsch an der Wand verkupferte, zu Hause in jener Hälfte des Zimmers, die als Wohnstube galt, auf der Sofaecke vor dem Fernseher und klebte die Schuhe seiner Mitmenschen. Im Fernsehschrank waren der Dreifuß, Ahle und Zwirn, der Hammer, Klebstoff und ineinandergekeilte alte Schuhe gelagert. Opa trug eine Brille, die er eigentlich nicht brauchte, denn er lugte über den Brillenrand auf den

206

Bildschirm, unter den Brillenrand auf seine hornigen Hände, wie sie vom Schuh beschäftigt wurden. Ich sagte: »Na, Opa, klebst du wieder Schuhe?« Darauf gab er mir fünf Mark. Er roch nach Leim und starb. Mehr ist von Opa nicht bekannt.

»Bräu, wenn du ins Haus gehst, bin ich weg, unten durch, draußen!«

Zum Glück traf Petz Joe in Tinz. Joes Bruder kannte Leute aus Peitz. Über diese Strecke kam ich an Musik heran, an Folkmusic.

Schon zweimal war ich beim Dorfbums von der Bühne gekippt. Wer weiß, wie hoch die Bühne beim drittenmal gewesen wäre. Die zweite war höher als die erste. Auch tanzten die Paare beim zweitenmal schneller und auseinander, wodurch die Fläche nur dürftig Polsterung bot. Man soll besoffen keine schnellen Nummern spielen. Vor dem Kapellenleiter, einer hageren trinkfesten Halbglatze, lag ein Zettel auf der Orgel, den wir herunterspielen und er herunterspielen und heruntersingen mußte, drei schnelle, drei langsame, drei schnelle … In den Pausen kamen die Vetteln und verführten mich zu einem Getränk. Meine sechzehnjährige Kluft zwischen Sehnsucht und Wirklichkeit mußte ich mit Bier, Bier, Bier und Schnaps zuschütten.

Auf dem Schulweg durchs Wäldchen, ein Weg wie das Band der Gymnastinnen, hatte mich Halbglatze staksigen Schrittes eingeholt und den Köder ausgeworfen: »Willst du dir dreißig Mark verdienen?« Die Ratten raschelten am Oschützbach. Ich ging mit meiner Gitarre, der ersten, im braunen Beutel. »Brauchst nur die Akkorde spielen.« Sofort war ich bei der Sache: »Wann ist Probe?« Er antwortete mit einer Wortkombination, die sehr nach zu Hause klang, weswegen sich

208

diese Musik großer Beliebtheit erfreute und immer noch erfreut: »Stube, Kammer, Küche.«

Mit zunehmender Anzahl der Pausen sang er die Texte auf die Bezeichnungen der Harmonien. Es kam mir alles sehr verkorkst vor: Kreischende Polonäseweiber, Kerle mit feuchten Händen, Kellner ohne Block, ich im Rhythmus von Toni Marshall.

Joe kam von weit her. Seine Haare sprengten das bekannte Maß. Weida rümpfte die Weibernasen. Er trug die speckigste Matte der Gegend. Wenn er sie gewaschen hatte, blieben dünne dunkle Fusseln beim kleinsten Windhauch an seinen Bleistiftlippen kleben. Für gewöhnlich wischte er sich das Haar nur mit einer Hand aus dem Gesicht. Doch wenn er sich in Rage redete, nahm er beide Hände und fuhr damit von der Stirn bis zum Kinn dann nach außen, so als wäre er in dichteren Spinnwebwald gelangt.

Der Bevölkerung einer miesen Stadt an der Bahnlinie nach Saalfeld hätte Joes Pracht noch ärger mißfallen als den Nasen im Zweistromtal. Man muß sich vorstellen, daß auf dem Pößnecker Marktplatz freiwillige Frisöre lauerten, denen das Staatsorgan Langhaarige zutrieb. Aus den Langhaarigen wurden Kurzhaarige – unterm Messer beziehungsweise unter der sozialistischen Moral.

Zwei Straßen vom Marktplatz entfernt übererfüllte die volkseigene Druckerei den Plan auf Glanzpapier und für Devisen, indem die neuesten Ausgaben von Heftchen mit frisiertem fickendem Fleisch ihren Siegeszug gen Westen antraten.

Wenn man darüber nachdenkt, ob man dadurch beeinflußt wurde, daß in allen Büros, Klassenzimmern, Ratsstuben, Lehrerzimmern, Polikliniken und Krankenhäusern, ja es hätte gefehlt, sogar noch über jedem einzelnen Bett, wie im Kloster, wenn man also darüber nachdenkt, ob man dadurch nun beeinflußt wurde, daß das Antlitz eines Mannes mit Spitzbart an allen unübersehbaren Stellen aushing, muß man zu dem Schluß kommen: Ja, es gehörte zur Heimat mit dazu.

Wenn man sich dann überlegt, daß er getan hat wie der gute Papi, erhellt sich das Verhalten von Susanne B., deren Name im dunklen bleiben soll, da es hier um Walter Ulbricht geht. Während der Weltfestspiele der Jugend im Jahre neunzehnhundertdreiundsiebzig starb er nach langer Krankheit. Etwas Besseres hätte dem ebenfalls eigentümlich sprechenden Nachfolger gar nicht passieren können. Denkt man nicht in dieser Richtung weiter, sondern in jener, daß Susanne B. auf dem Dach eines Berliner Hochhauses stand und laut heulen mußte, als sie von Walters Ableben erfuhr, ist der Beweis erbracht, daß ihr der Spitzbart ans Herz gewachsen war, obwohl sie ihn persönlich gar nicht kannte. Sein letzter Gruß an die Weltjugend war mit der Bitte verbunden weiterzufeiern. So war er, nie auf sich bedacht. Was wäre gewesen, wenn die Botschaft geheißen hätte: Geht heim Kinder, ich sterbe. Susanne B. wäre es recht gewesen. Ob es aber dem letzten Angolaner recht gewesen wäre, den nicht ein solch starkes emotionales Band mit Walter Ulbricht verband?

Über ihn läßt sich folgende Begebenheit berichten. Im Alter war er nur noch für das Protokoll zu gebrauchen. »Protokoll« hießen Dinge, welche die von den Bildern einerseits deshalb taten, um beim Volk Eindruck zu schinden, aber andererseits auch deshalb, weil sie ohne Protokoll gar nicht wüßten, was sie miteinander anfangen sollten. Man hatte Walter Ulbricht zur Eröffnung einer Schule angekarrt. Diese Schule sollte mit seinem Namen versehen werden. So etwas haben sie ja immer gern gemacht, dem Stein ihren Namen verleihen. Kaum war der Staatsmann aus seiner Limousine gestiegen, liefen schon zwei Kinder in Pionierkleidung auf ihn zu. Jedes hielt ihm einen großen Strauß beherzter Astern entgegen. Eben noch, während des Schwebens auf der Landstraße war Walter Ulbricht bei seiner pochenden Hüfte oder einem anderen Organ des absterbenden Körpers des Staatsratsvorsitzenden eingekehrt gewesen, plötzlich springt ihn das Leben an. Schon umringten ihn Reporter und Angestellte. Geistesgegenwärtig, wie es einem Vorsitzenden des Staatsrates gebührt, straffte sich Walter Ulbricht und sagte mit seiner typischen, dem dunklen sächsischen Klang verpflichteten Stimme: »Du bist ein Junge, du bist ein Mädchen, das ist eine gute Sache.« Damit war die Schule eröffnet.

»Die Singeklups« (ein »b« wurde nie gesprochen). Man
muß das Dingwort einmal als Nominativ/Singular verstanden haben, um eine kulturpolitische Erscheinung
aus der zweiten Hälfte des zwanzigsten Jahrhunderts
charakterlich erahnen zu können. »Der Singeklups.«
Der Klang von »klups« hat es und ähnelt dazu noch
dem Mann, der die Singeklups erfand: der Nationalpreisträger Friedman.

Der Nationalpreisträger Friedman kam aus Kanada.
Dort konnte er nicht. Also suchte er sich einen Platz in
der Welt, wo ihm keiner einen Stein in den Weg rollen
würde. Er fand die Deutsche Demokr(o)atische Republik, packte sein kanadisches Banjo aus und rief: »Hoo-
tenanny!« Die Machthaber jauchzten Hellau. Sie hatten ihrer Macht noch nicht die richtigen Traditionen
verpassen können, da kam ihnen der Nationalpreisträger Friedman, gerade recht. Dieser bestand aus de-
mokr(o)atischen Spirituals und deutschen Kampflie-
dern. Eine gute Mischung für das Himmelreich auf
Erden. Die in Klammern gesetzten o sollen auf die ka-
nadische Aussprache der deutschen Worte hinweisen.

Ohne seinen Dialekt, den er hegte wie einen aus der
Heimat mitgebrachten Käse, wäre der Nationalpreisträger Friedman nicht das gewesen, was er war:
ein auf die Bühne gestellter Klups, fast zwei Meter
hoch, mit Holzfällerpranken, Uhubrille, ausladenden
Armbewegungen. So stand er vor dem blauen Meer

der Blusen und stampfte sanft mit dem rechten Bein. Im Brustton der Überzeugung rief er: »Mitsingen, du!«, und vor dem letzten Refrain: »Letztes Mal«. Man darf den Dialekt nicht vergessen. Es klang eher nach »we shall over«; ganz verkündend gerufen. Dabei griff er vom Banjo aus in die Luft über den Massen, und man hätte meinen können, daß er an der gegenüberliegenden Saalwand anschlagen würde.

Walter Ulbricht erteilte ihm den Auftrag, den Samen der internationalen Solidarität in die Deutsche Demokratische Jugend zu pflanzen, um den einzigen Nachteil des Nationalpreisträgers Friedman zu überwinden, seinen Dialekt. Wie klingt denn »Auf, auf, zum Kampf« in diesem kanadisch-gemütlichen Kehlentanz. Aus dem Klups wurden die Klups und Hartmut König mit seinem deutschen Lied »Sag mir, wo du stehst«, der Hymne der Klups, worin er dichtete: »Nickende Masken nützen uns nichts«.

Persönlich habe ich Hartmut König als Bonzen des Zentralrats fett im Restaurant des Interhotels »Vier Tore« in Neubrandenburg beim Fressen sitzen sehen. Drei große Gläser Schokoladencréme krönten das Mahl. Mit ihm saßen zwei, wie man sehen konnte, weniger hoch gestellte Bonzen am Tisch. Der eine schob sein Glas freiwillig zu Hartmut König. Den anderen mußte Hartmut König erst anschauen, bevor er Verzicht übte. Hätte er aufgemuckt, wäre Hartmut mit seinem Lied gekommen: »Nickende Masken nützen uns nichts«.

Aufgrund seiner guten Verdienstmöglichkeiten entschloß sich der Nationalpreisträger Friedman gemeinsam mit seinem Kapital nach Kanada zurückzukehren, um sich im Musikmarkt zu erproben. Er gründete eine Schallplattenfirma und begriff nach einem Jahr, daß er nicht der richtige Mann für die Ausbeutung ist. Er stürzte das Geschäft in den Konkurs und kam zurück. Da stand er wieder, der Klups vor blauem Flor, und erinnerte sich im schönsten Dialekt seines Feindes: »Carter, dieser Erdnußbauer.«

Auf ebenjenem Berliner Hochhaus mußte ich mir von Hans-Georg Albicht, Leiter des Singeklubs »patria«, sagen lassen, daß ich, wenn ich mein Blauhemd nicht anziehen würde, nach Hause fahren müsse. Ich spielte mit dem Kugelblitz im Kopf, ihn hinunterzuschubsen. Nicht, daß dies funktioniert hätte – das Dach war umzäunt –, doch im Moment seines Befehls merkte ich plötzlich, wie weit wir oben standen.

Obwohl Hans-Georg Albicht kein Instrument spielte, sehr angestrengt sang und auf Kumpel machte, maßte er sich an, einen Gitarristen und Banjospieler nach Hause zu schicken. Hier muß, sozusagen als Racheakt, erwähnt werden, daß das Schönste an Hans-Georg Albicht seine Frau war, Jule, eine blonde, ganz verträumte, während er unter Druck stand, alles richtig machen zu müssen.

Mit dem Wechsel von der Kindermassenorganisation in die Jugendmassenorganisation war die Kindheit offiziell vorbei. Anstatt des weißen Hemds mit blauem Halstuch trug man nun ein blaues Hemd mit Schulterstücken und gelben Stickereien auf dem linken Oberarm. Mit dem Anziehen der Hemden begann eine ähnliche Kühle, wie man sie vielleicht beim Nennen von Dienstgraden empfindet. Stolz kam auf, als ich das Hemd zum erstenmal in der Öffentlichkeit tragen durfte. Es war nicht der Stolz, den das Statut forderte, sondern der, nicht mehr zu den weißen Zwergen zu gehören. Zur Zeit, als der Körper rebellierte und die Sinne Samba tanzten, kamen sie mit dem intersexuellen blauen Hemd.

Es dauert immer erst, bis man begreift, wo man hineingeraten ist. Dies verstanden schon Pionierleiterinnen hinauszuschieben. Ich bin fest davon überzeugt, daß Karla Michaelis, die Pionierleiterin der Greil-Schule, fest davon überzeugt war, unsere Jungpionier- und Pionierherzen würden für Ernst Thälmann schlagen, wenn sie vor die Gruppenräte trat. Irgendwie schlugen sie in diesen Momenten auch für ihn, doch viel mehr deswegen, weil wir nicht wußten, für wen sie sonst hätten schlagen sollen. Karla tat so, als sei es von Vorteil, wenn man ihrer Sache gehört. So taten sie eben, und je höher das Deck lag, auf das sie zum Gelage eingeladen wurden, um so mehr taten sie so und priesen sie den Vorteil ihrer Farbe. Wenn sie von dieser Farbe auch noch ihr Geld bezogen, waren sie nicht mehr zu stoppen. Sie priesen das Blaue und Weiße vom Himmel herunter in Stoffe, woraus Hemden waren.

Ernst Thälmann ist in den freien Banden des Schreberbergs nicht vorgekommen. Anfang der sechziger Jahre hatten wir allerdings einen Propagandaspruch in unseren Mündern. Wer nach der Landung in der Schweinebucht am anderen Ende der Welt von einem Gefährten beim Spiel absichtlich angefaßt oder zufällig berührt wurde, rief, wie aus der Pistole geschossen: »Hände weg von Kuba!«

Zum »Interpimper 73« gab es im Fußvolk eine Parallelparole durch eben diesen angeschalkten Ton, allerdings ironisch gefärbt. Manchmal konfrontierte einen ein Satz, wie nach dem zehnten Bier, wenn die Pointen immer trockener werden. Man kam zum Beispiel vom Klo, setzte sich in eine fremde schweigende Runde und sagte: »Freiheit für Angela Davis!« Als ein ehemaliger Bereitschaftspolizist aus Jena nach dem fünften Bier seine Erinnerungen an das »Interpimer 73« offenlegte, konnte ich zwei Sätze notieren: »Das hat's doch ausgemacht, diese Freiheit, die da kam. Renft hat gesungen ›Ketten werden knapper …‹« Dann ist er aufs Klo gegangen.

Zum Repertoire des Singeklubs »patria« zählten sowohl diese Renft-Nummer als auch weitere Werke eines Leipziger Textautors, wie zum Beispiel: »Stark mach deinen Staat, mach stark!« Die Sänger und Sängerinnen klatschten sich auf die Schenkel und in die Hände. Wenigstens das blieb mir als Gitarristen und Banjospieler erspart, was nur die halbe Wahrheit ist, denn ein Song wurde a cappella intoniert, während wir das Publikum profund zum Mitklatschen anheizen durften. Auf die Einfachheit des Textes war geachtet worden: »Ja, ja, wir treffen uns auf jeden Fall Sommer dreiundsiebzig zum Jugendfestival.« Als ein Foto von genau dieser Szene in der Mitte des Lebens vor mir lag, dachte ich: Das bist du gewesen. Das alte Schamgefühl stand wieder auf. Langhaarig, im Blauhemd und etwas gebückt, wie ein Skispringer unmittelbar vor dem Absprung, klatsche ich mir in einer Reihe mit Kurt, Papa Kay und Jupp beschwingt auf die Schenkel und bin mehr als nur scheinbar begeistert. Dem Zuknöpfen des Hemdes folgte Einsicht in die Notwendigkeit. Das Tor zur Lebensfreude wurde aufgestoßen, der Rausch während der zweiten Stimme von »We shall over come« konnte seinen Lauf nehmen. Mit schwarzglühenden Augen streckte Kurt den Kopf nach vorn zum Mikrofon und drückte Worte durch die Kehle, so eng wie eine Harnröhre. Mit Jupp und Papa Kay bildete er die bierpatriotische Front im »Vaterland«, was »patria« auf deutsch bedeutet. Als wir das Vaterland für eine Auftrittsreise ins Tschechischslowakische verlassen hatten, erhoben sie sich bei jedem Hopfenfeld von den Bussitzen und standen stramm. Als Gastgeste hatten wir für die Tschechen ein tschechisches Lied einstudiert, indem wir die Worte über den Silbenklang behielten. Die ersten drei Silben hießen Ne, Bu und Dei. Wir wurden in einem Zimmer der tschechischen Bezirksleitung empfangen und mit Bier versorgt. Die Bezahlten tauschten Grußadressen aus, umarmten sich und küßten sich auf den Mund. Papa Kay sang Ne, Bu, Dei. Alle sangen mit. Man hätte als Fremder danebenstehen und rufen können: »Freiheit für Angela Davis«, sofort wäre man seines Bieres sicher gewesen. Und darum ging es über weite Strecken.

Einmal ging es um mehr. Neunzehnhundertdreiundsiebzig besuchte uns eine chilenische Gruppe in Gera, fünf Chilenen, ebenfalls mit Feuer in den Augen. Ein Jahr später besuchten sie uns wieder – diesmal zu viert. Den fünften hatte Pinochet ermordet. »Venceremos« hieß die Hymne der jungen sozialistischen Andenrepublik. Ich sang das Lied, nachgedichtet von Hans-Georg Albicht, aus einer Haltung heraus, in der man mich hinters Gewehr hätte stellen können.

Kurz bevor die Grenzen in Straßen verwandelt wurden – ein alter Ostwitz, die Berliner Mauer wäre nur eine zum Trocknen aufgestellte Autobahn, sollte sich bewahrheiten –, traf Annemarie in Weida zufällig mit

Karla Michaelis zusammen. Annemarie, welche als siebenjährige Tochter Tante Hildes den Bombenangriff der Amerikaner auf Dresden erleben mußte, schlug das Herz auf der linken Seite, was als Metapher, angewendet auf eine Gesinnung in der DDR, nicht böswillig klingen soll. Es ging jedenfalls das Gerücht, irgendwelche Kreise in Weida hätten sie während der Zeit der Machtergreifung durch die Idee hinter ihrem Rücken »Rote Lola« geheißen. Was immer daran erlogen ist, jedenfalls schämte sie sich für meinen Charakterzug, die Dinge in der Öffentlichkeit beim Namen zu nennen, und stand Karla Michaelis eher nah als fern, wenn die Einteilung in Gut und Böse vollzogen werden mußte. Karla Michaelis spielte ohne Umschweife auf den Gallapfel an: »Du hast ja 'ne schöne Verwandtschaft.«

Letzter Sommer vor dem Barras. Joe kam mit Petz aus Polen, Tümmler aus dem Meer, Granate schlug bei Regen in die Zeltplane ein – Schnecke und ich kamen per Autostopp aus Weida.

»Besser, du stehst alleine«, sagte Schnecke nach der dritten Stunde an der Straße und setzte sich hinter einen Baum. Die Reifen zischten vorbei. »Am besten wir lassen nur die Rucksäcke stehen«, rief ich. Er nestelte an unseren Vorräten. Mal winkte er, mal ich, mal wir beide. Wenn ich rauchte, erklärte er mir, daß dadurch das schlechte Gewissen vorbeizischender Nichtraucher behindert würde. Manche Fahrer hupten, oder ihre Beifahrerinnen grinsten uns zu. Es war wie beim Betteln zur Fasnacht: »Ich bin der kleine Keenich, gebt mir nich zu weenich, gebt mir nich zu viel ...« Ein Scheißspiel.

In Amerika mag es funktionieren – wir erreichten am ersten Tag nur Berlin und legten uns im Treptower Park schlafen. Es war hundekalt. Ich schaffte es, bis die Sterne gegen halb vier verblaßten. Schnecke war irgendwann in der Nacht weggekrochen. Er kauerte in der nächsten Telefonzelle. »Warum sind wir nicht mit der Bahn gefahren?« stöhnte er blaß und ohne Illusionen. Weil wir das Abenteuer gesucht haben – im Unbequemen, wo die Erfahrungen eine kalte Suppe kochen – und weil es mit dem Geld schlecht aussah. Ohne Worte löffelten wir auf dem Ostbahnhof vor der Schwarzfahrt nach Oranienburg Soljanka.

Viele standen an der F 96. Man mußte sich hinten anstellen beziehungsweise vorn, wenn man auf das Ziel hindenkt. Wäre Schnecke ein Mädchen gewesen, hätten wir es besser gehabt. Dann wäre ich hinterm Verkehrsschild verschwunden, und Schnecke würde mit dem Hinterteil gewedelt haben. Es gab einzelne Fahrer, die hielten mitten in der Tramperschlange bei Mädchen mit betontem Busen. Wenn schon eine Frau neben dem Fahrer saß, konnte man es dem Kerl ansehen, daß er seine Alte gern getauscht hätte. Diese guckte so wie: Thü!

Je vornehmer die Gefährte ausgestattet waren, um so sicherer fuhren sie vorbei. Fuchsschwanz am Innenspiegel, Kissen mit Autonummer oder auch gestrickte Behälter für die volle Rolle Klopapier erwiesen sich als Zeichen fehlender Nächstenliebe. Es stanken Trabbis an uns vorbei. Zwar waren sie Stinker, doch auch damit wäre man weggekommen. Ferner fuhren vorbei: Wartburgs, Ladas, Moskwitschs, Saporoshez, Wolgas mit Russen drin, Skodas, Tschaikas mit Genossen und Zweiräder, Holztransporte, Armeetransporte, Tankwagen, Busse und eine Schwalbe mit Verkleidung.

Ob wir dann doch mit dem Zug in Wolgast ankamen, habe ich vergessen, jedenfalls fuhren wir mit dem Zug nach Koserow auf die Insel Usedom, und Schnecke sagte: »Sackgang.«

Der Campingplatz im lichten Kiefernwald der Insel war eine sozialistische Kleinstadt aus Stoff und Heringen. Es gab einen Laden für die Grundnahrungsmittel, einen für Getränke, einen Kiosk, einen Schlagbaum mit Pförtner, ein Lokal, zwei Waschräume, zwei Aborte, einen Sportplatz, einen Müllplatz, einen

Platzwart und ein Kino mit Plakaten. Abends gingen die Menschen im Trainingsanzug auf den Zeltplatzwegen spazieren. Es roch nach gegrilltem Fleisch und natürlich – deswegen waren ja alle gekommen – nach Meer. Nichts passierte, außer daß Millionen fetter Madenwürmer nach dem Regen vom Müllplatz durch die Natur zu den Gruben krochen wie bei Sonnenschein vom Zelt zum Strande wir.

In obengenannter Besetzung erreichten wir nach einer halben Stunde Fußweg ein Waldlokal. Dort sollte wegen unvergitterter Klofenster das Bergfest auf Kosten des Hauses stattfinden. Wir aßen und tranken viel. Zum Schluß wollten wir nacheinander durchs Fenster entschwinden. Schnecke saß als letzter. Da kam der Wirt mit einem Zettel auf ihn zu.

Als uns Schnecke im Schatten der Laterne erspäht hatte, fluchte er: »Ihr Schweine!« – »Wieviel kriegst du von jedem?« fragte Petz, der Gerechte. »Etwa zwanzig Mark!« Joe, der Geizige, grummelte: »Warum bist'n nicht aufgestanden?« Tümmler und Granate trugen die Parkbank vom Kneipeneingang zu Schnecke und boten ihm einen Sitzplatz an. Joe schwenkte eine Fahne über Schnecke, die ich ihm als Winkelement organisieren konnte. Es stand rot auf weiß: »Eis«.

Dann kam es zu dem Diebstahl, der den unsinnigsten Diebstählen aller Zeiten zur Seite gestellt werden kann: Wir schleppten die Bank in der Nacht bis zu unserem Zelt. Morgens schlugen wir die Zeltwand zur Seite – da stand sie. Es war die robusteste Bank, die man vor Zelten in Koserow finden konnte. Die Bank verlieh unserer Behausung den Charakter einer Wagenburg. Nun hißten wir morgendlich die Eisfahne am

höchsten Punkt und sangen drei Strophen der Warschawjanka, der Diamant von sieben Jahren Russisch-
unterricht. Granate reiste deshalb vorzeitig ab. Wir
kannten die Fahnenhißszene aus dem Film »Die toll-
kühnen Männer in ihren fliegenden Kisten«. Granate
kannte sie nicht. Die Leute spielen etwas nach – man
kann es nur verstehen, wenn man den Film gesehen
hat. Daraufhin kam die Polizei, um unsere Ausweise zu
kontrollieren. Wir erfanden die Geschichte, daß die
Bank am nächsten Morgen plötzlich dagestanden
hätte, und wurden mit einer Strafe von zehn Mark pro
Person belegt, was Joe besonders schmerzte. Er schloß
sich vom Zurücktragen aus und erfand eine Rücken-
krankheit. Auf die Frage, warum er auf dem Herweg
nichts davon gewußt hätte, erwiderte er: »Die Schmerzen waren betäubt.«

Eine Nacht vor der Abreise machten wir am Strand
ein Feuer. Wir tranken und sprachen über Dinge aus
der Vorstellungswelt: »Stellt euch vor, dieses Feuer
würde von einem Ozeanriesen als ein Orientierungs-
feuer angesteuert.« Wir sahen nach oben. Vor uns ragten die schwarzen Dimensionen eines Stahlbugs. Dort
müßte man die Fahne hissen. Der Morgen graute, als
wir die Glut mit Sand zuschoben. Joe pißte auf den
heißen Sand. Die Pisse kochte sofort und wurde
Dampf. Joe hat seine Pißrichtung zwar wegen des Win-
des nicht bedenken müssen, doch wäre er klug gewesen, wenn er dies wegen des Dampfes getan hätte,
denn jetzt mußte er vor dem Zelt schlafen – bei aller
Freundschaft.

Obwohl ich mir geschworen hatte, nachts besoffen im letzten Zug von Gera nach Weida nicht einzuschlafen, riß es mich weg. Weder in Weida noch in Niederpöllnitz und noch nicht mal in Mittelpöllnitz, sondern erst in Triptis ging der Schaffner durch die Wagen und tippte mich an. Ich nahm seinen mitleidigen Blick wahr und schlief wieder ein. Nach dem Aufprall gegen den Prellbock begriff ich stufenweise: Zuerst durchfuhr nackter Schrecken die Magengrube, ohne daß der Grund dafür schon auszusprechen gewesen wäre. Dann drang das Unabwendbare auf die Gedanken ein, die sich noch ungläubig gebärdeten. Ich sprang hoch und drückte das Fenster herunter. Weit vor mir am Bahnhofsgebäude prangte der befürchtete Name. Um die letzten Hoffnungen zu begraben, las ich ihn laut: »Triptis. Scheiße!«

Man steigt auf dem Abstellgleis viel tiefer hinunter als auf dem Bahnsteig. Was man sonst als »aussteigen« bezeichnet, ist nun absteigen. Kein glatter Bahnsteig, auf dem sich die Szenen von Begrüßung und Abschied spielen ließen. Plötzlich befindet man sich am Arsch der Zivilisation. Es ist Nacht und man will nach Hause.

Mein Schatten folgte mir wie ein vertriebener Hund, holte mich unter der Bahndammlaterne ein, zog voraus und verschwand zwischen den Gleisen. Ich ging mit schmerzenden Füßen. Wenn ein Zug kam, kauerte ich im Hang, befühlte die Blasen der Fersen, Wagen zählend – zweiundvierzig nach Holz und Schmiere riechende Ungetüme. Das Donnern verhallte, wich dem Takt meiner Schritte. Neben mir wühlte ein Wildschwein. Ich schrie, davon blutete meine Nase, und gab brennendes Fersengeld. Die Schritte wurden zu Sprüngen, so daß ich hinter einer Schwelle im Schotter strauchelte und mit der Schläfe auf die Schiene schlug. Als ich zu mir kam, lag ich im Graben, über und über mit Blut besudelt. Eine Lokomotive muß mich erfaßt und vom Gleis geschleudert haben. Ich rappelte mich hoch, taumelte im Delirium weiter, weswegen ich auch die nächste Lokomotive nicht wahrnahm, die mich ebenfalls erfaßte. So wäre es wahrscheinlich die ganze Nacht weitergegangen, wenn mich nicht die nächste Lokomotive aus dem Schlaf gerissen hätte. Es grüßte der Bahnhof von Niederpöllnitz – damit war die Strecke halbiert.

Bei einem ähnlich störrischen Abenteuer stand der Suff noch mehr im Vordergrund als bei der Reise nach Triptis. Im drangvollen Alter fuhr ich in den Wintergarten tanzen und rauchte zum erstenmal. Wenn man es nicht gewöhnt ist, können Alkohol und Nikotin ein teuflisches Gemisch sein. Seitdem ist mir das Phänomen des Filmrisses bekannt. Blitzartige Stimmungen, sehr dichte Sinneseindrücke vermochte ich am nächsten Morgen zu erinnern: Ich war in Gera-Zwötzen in den Zug eingestiegen, hatte den Beutel mit meiner Strickjacke dabei und saß allein im Abteil, das Räderwalzen – Meeresrauschen in den Ohren, den Geruch von Magen in der Nase, bittren Teer auf der Zunge. Der nächste Blitz trifft mich auf dem untersten Trittbrett beim Aussteigen in Gera-Röppisch, ohne daß mir daran etwas Absonderliches aufgefallen wäre. Dann befinde ich mich in einem stickigen Auto, zwischen zwei Damen gezwängt, die mir belustigt zureden. Weiterer Einblick in meine Instinkte wurde mir gewährt, als ich versicherte, nach dem Tunnel aussteigen zu müssen. Ich torkelte den steilen Bahnhofssteg hinauf, obwohl ich eigentlich hätte hinuntertorkeln müssen. Wahrscheinlich stand ich auf dem Weidaer Bahnhof, um meine Ankunft zu erwarten. Als ich ankam, sind wir wohl nach Hause gegangen, denn im Bett kam ich zu mir und überlegte, ob ich den Beutel mit der Strickjacke vergessen haben könnte.

Schlecht, wenn man nicht verheiratet ist. Draußen fällt Schnee, eine Kerze steht auf dem Tisch, gelangweilte junge Kerle fläzen in Doppelstockbetten und pfeifen den Blues des kalten Krieges. Dieser Widersinn heißt in Armeesprache »Gefechtsbereitschaft« und bedeutet, daß immer zwei Drittel der Besatzung an Bord zu sein hatten, im Kriegsschiff auf dem Stallberg.

Am Abend des vierten November neunzehnhundertvierundsiebzig mußte ich von zu Hause weg. Vater trug mir die schwarze Reisetasche zur Berufsschule, zum Sammelpunkt der Einzuziehenden gegenüber dem Geraer Hauptbahnhof. Wir standen unter Männern und wurden selber welche. Er verabschiedete mich mit festem Händedruck, als wäre er nicht nur traurig darüber, daß er mich dazutun konnte. Selbst nie dabeigewesen, sprach er manchmal so, als würde er sich darum betrogen fühlen.

Wir zogen über den nebligen Bahnhofsvorplatz. Die Stimmen der Unteroffiziere bellten, die der Neuen blökten. Man konnte die Augen schließen und wußte, wer spricht, einer in Uniform oder einer in Zivil. Ich begann damit, die Unteroffiziere zu taxieren, und teilte sie in hassens- und nicht hassenswerte Stimmen ein. Der Sonderzug ratterte in die Einöde. Während der Fahrt nahm der Gestank nach männlichen Ausdünstungen zu. Die Nase roch noch. »Wann kommen wir an?« – »Das werden Sie schon sehen.« Ich war zu müde und sagte nichts. Die Unteroffiziere taten wichtig, die Zivilisten hingen ihren demoralisierenden Gedanken nach.

Früh um vier hielt der Transport an einer Verladerampe auf dem Pasewalker Güterbahnhof. Ein Offizier mit viel Haß in der Stimme schnauzte die fröstelnden Ohren voll. Es wurde aufgerufen: »Soldat Krawczyk!« – »Hier.« – »Lauter!« – »Hier!« Wir mußten auf Lastkraftwagen steigen. Ich stieß das erste Mal mit dem Kopf gegen Armeemetall. Die Uniformierten machten die Klappe zu, ließen die Plane runter und lachten. Der Fahrer nutzte jede Bodenwelle aus, um uns die Fahrt auf den Holzbänken zu versüßen. Nach der letzten scharfen Kurve hielt er an. Hinter dem Auto schloß man das Eisentor. In einer riesigen Turnhalle mußten wir uns nackt ausziehen und bekamen Sachen von der Armee. Die Zivilsachen hatten wir in Pakete zu packen und mit der Heimatadresse zu beschriften. Was man jetzt noch von zu Hause anfassen konnte, war die schwarze Reisetasche und der eigene Leib. Der stand in Uniform, bestiefelt, verkatert, brüllte »Hier!« und erhielt die Grundausbildung des Soldaten.

Sie steckten mich zu den Rechnern. Ich hatte einen Studienplatz für Mathematik-Physik-Lehrer. Soldat Hinze, der Diplomingenieur, wurde Kabelaffe, Soldat Kunze, der Bauer, Tastenficker. Die Rechner rechneten Koordinaten nach. Ja, man muß wirklich sagen, daß ich die dümmste Zeit meines Lebens damit verbracht habe, in Tabellen gedruckte Zahlen nachzurechnen, für den Fall, daß die Tabellen verbrennen. Mit Atomraketen kann man ja nicht wild in die Luft ballern. Leutnant Mahnke, ein Männchen mit weichem Fleisch und prallvollen Hosenbeinen, brachte uns im Rechnerkeller das Rechnen auf russischen Rechenmaschinen bei. Jeder hatte seine eigene Armeerechenmaschine, ein Eisending, groß wie ein Kastenbrot, schwer wie ein Kohleneimer. Wir schoben Zahlenhebel nach Tabellen und kurbelten geschwind. Die Gefreiten waren stolz darauf, daß sie schneller kurbeln konnten, die Neuen gaben sich Mühe. Wir kurbelten und kurbelten – sogar in den Pausen ließen wir die Maschinen nicht in Ruhe. Sie mußten Umdrehungen pro Minute zählen.

»Ich dachte …«, der Soldat setzt zur Erklärung an. »Sie sind nicht zum Denken hier, gewöhnen Sie es sich ab«, schnarrt ihm der Offizier ins Wort. Es gelang mir nur bedingt und verdichtete sich zu einer Ausgangssperre. Die ersten vierzehn Tage kam auch keine Post von zu Hause. Mein Privatleben war auf den Schlaf beschränkt. Einen Brief an die Eltern beschloß ich mit der Bitte: »Schreibt mir doch auch mal.« Im Kasernenkiosk gab es Postkarten zu kaufen. Auf einer sah man einen fröhlichen Soldaten im Bett mit dem blaukarierten Bezug. Neben ihm lag eine Maschinenpistole. Darunter stand: »Die Braut des Soldaten«.

Weihnachten durften die Familienväter ganz sicher nach Hause fahren, die Verheirateten fast sicher und die Ledigen sicher nie. Der Abend wurde mit einem Glas weinhaltigem Getränk, Vipa genannt, begossen. Die Weihnachtspakete der Neuen hatte der Spieß nach Trinkbarem durchwühlt. Milling, ein Dreiender mit nuschliger Stimme, der staccato schrie, wenn er schreien mußte, und dessen Sympathie, im Bild des Fahrradfahrers, auf seiten der Pedalen lag, lud mich in die Unteroffiziersbaracke hinterm Appellplatz zu ei-

nem Schluck Wodka ein. Der Willkommenstrunk
schoß mir in den Nacken.

Zwischen Weihnachten und Silvester mußten Rake-
tenrampen geputzt, Reifen mit Fett zum schwarzen
Glänzen, Eisenteile mit Öl zum grünen Glänzen gebracht werden. Im neuen Jahr hatte sich der General
angesagt. Es wurde aufgeräumt, der Schnee von den
Bäumen geschüttelt und aus der Kaserne gekehrt, die
Straße gebohnert, das Gras grün gestrichen. Alles, was
an Dummem getan werden konnte, tat man, wie das
Muttersöhnchen seine Wohnung leckt, wenn Mama
sich ansagt. Auf dem Stallberg gab es eintausend von
ihnen zu beschäftigen. Im heißen Krieg ist der Soldat
Material, im kalten ein Idiot.

Silvester habe ich vergessen, an Neujahr fehlt mir
jede Erinnerung. Mit dem fünfundzwanzigsten Januar
neunzehnhundertfünfundsiebzig setzt sie wieder ein.
Da gab mir der Spieß einen Urlaubsschein für fünf
Tage. Mittags durfte ich raus. In Uniformmantel,
Koppel, Fellmütze, Ausgangsuniformjacke mit Kra-
genbinde, Ausgangsuniformhose, grünem Armee-
pullover, langem Armeeunterhemd, langer Armeeun-
terhose, grauen Socken, schwarzen Halbschuhen und
meiner schwarzen Reisetasche stand ich an der Bushaltestelle vor der Kaserne und überlegte, ob ich es bis
zur Zugabfahrt in Pasewalk auf vier Bier bringen
werde. Um meinen Hals lag der eisige Stallberger
Wind. Im Bus sah ich die ersten Zivilisten. Das Gefühl,
ein Arsch zu sein, kühlte meine Urlaubsstimmung. Ich
stieg eine Station zu früh aus und lief zum Bahnhof.

Auf dem Bürgersteig kam mir ein fremder Offizier
entgegen. Meine Tasche trug ich in der rechten Hand,

der Grußhand. Ich wechselte nicht rechtzeitig und kam nicht zum Gruß, als wir auf gleicher Höhe waren. Ein Blick aus den Augenwinkeln verhieß Unheil. Im Moment schrie er »Kehrt!«, blieb selbst aber nicht stehen, sondern legte noch einen Schritt in seine Richtung zu. Ich rannte ihm nach, überholte ihn, brachte zehn Meter zwischen uns und ging wieder auf ihn zu, die Tasche mittlerweile in der Linken. Er schrie wieder: »Kehrt!« Ich mußte gehorchen. Der Kerl war bewaffnet und besaß die Macht, meinen Urlaubsschein zu zerreißen. Dann hätte ich nach Stallberg zurückgemußt. Schon war er wieder an mir vorbei. Ich überholte ihn wieder. Er ließ mich fünfzig Meter laufen, bevor er sein Wort schrie. Wir näherten einander von neuem. Ich passierte ihn mit akkurat gewendetem Kopf und grüßte – Unterarm und Hand mußten eine Linie bilden, wenn man die ausgestreckten Finger an der rechten Schläfe anlegte. Der Schweiß brach mir aus den Poren. Am Bahnhofslokal hing ein Schild: »Wegen Inventur geschlossen«.

Zwischen den Gleisen lagen die Kippen schienenhoch. Auf dem Bahnsteig rauchten Soldaten und erwarteten ihren Zug in den Süden. Bei der Einfahrt suchten sie die Fensterplätze nach Frauen ab. Jeder wollte sich in der Nähe eines echten Exemplars plazieren. Kam man ihnen zu nahe, zogen sie ihre Näschen kraus. Langsam erholten sich die Augen. Die Nase roch wieder. Ich sah grau aus, wie ein Soldat, und roch muffig, wie ein Soldat. Um die Theke im Mitropawagen grummelten zweistellige Tageszahlen oder die Anzahl der Stunden, bis man endlich auf der Frucht liegen wird. Ein Trunkenbold kotzte in seine Pelzmütze, ein anderer zum Fenster hinaus. Beim Umsteigen auf dem Leipziger Sackbahnhof wurden Auffällige von der Militärpolizei eingesammelt. Meistens hatten sie die Pelzmütze im Zug hängenlassen oder das Koppel im Suff verschenkt. Für die war der Urlaub zu Ende. Da haben sie kurzen Prozeß gemacht, die Büttel von der Militärpolizei, gefürchtet von allen Waffengattungen.

Vier Uhr morgens lief ich nüchtern durch den leeren Geraer Hauptbahnhof. Eine Viertelstunde später stand ich vor der Wohnungstür meiner Eltern. Das Neonlicht im Treppenhaus summte. Ich nahm die Mütze und den Gürtel ab, knöpfte den Mantel auf, bückte mich und zog mir die Schuhe aus. Dann schloß ich leise auf und betrat den Korridor der Neubauwohnung. Noch bevor ich das Licht anschalten konnte, öffnete sich die Schlafzimmertür. Im Schein der Nachttischlampe stand Mutter und rief erschrocken: »Mein Junge!« Ich mußte heulen, als wir uns umarmten. Sie hatte ihr Nachthemd an, ich den Uniformmantel. Vater kam im Schlafanzug und begrüßte mich mit festem Händedruck.

Mutter erinnerte sich an meine erste Heimkehr: »Wie du dagestanden hast, an der Tür, mit der Mütze in der Hand, in dem Mantel. Du sahst so traurig aus.« Am Abend des sechsundzwanzigsten Januars neunzehnhundertfünfundsiebzig zog ich mich mit einer Flasche Wismut-Schnaps in mein Zimmer zurück. Als ich mich gerade sehr weit aus dem Fenster gelehnt hatte, trat Mutter ein und rief meinen Vornamen. Sie sagte, es sei ihr so vorgekommen, als würde ich mich hinunterstürzen wollen. Dabei war ich nur so besoffen, daß ich Luft brauchte.

Aus dem Urlaub hatte ich die Lady von zu Hause mitgebracht. Während die anderen Soldaten abends vor dem Fernseher saßen oder Skat spielten, übte ich in der Besenkammer Rasgueado, einen Anschlag für die rechte Hand. Ich konnte von innen zuschließen. Dann schloß ich noch die Augen – es trat der gleiche Effekt ein wie auf dem Fensterstock in der Friedensstraße: Ich war weg.

Der hinkende Papa Kay, Nase und ich waren aus demselben Singeklub in die selbe Einheit verlegt worden. Der Politoffizier, Hauptmann Meister, gab uns den Kampfauftrag, eine Songgruppe zu gründen. Als Bedingung an die Zeit im abschließbaren Probenraum hatte er einige Soldatenlieder geknüpft, die wir einzustudieren »hatten«, was »hatten« eben so heißt. Wir hätten auch sagen können: »Sing doch selber.«

Papa Kay hinkte, weil er sich eine Woche nach seiner Einberufung den linken Knöchel verstaucht hatte. Er wurde in den Med-Punkt eingeliefert und konnte dort drei Tage verbringen. Als er wieder auftreten wollte, spürte er die schmerzliche Verletzung immer noch und fing zu hinken an. Damit war ihm zum Beispiel vereitelt, am Frühsport teilzunehmen. Statt dessen mußte er sich in dieser Zeit einen Kaffee kochen. Der Knöchel wurde nicht besser. Von außen konnte man zwar nichts mehr erkennen, aber innerlich tat es ihm weh. Obwohl Soldaten von weitem gleich aussehen, Papa Kay erkannte man an seinem Gang.

234

Unser erstes Konzert fand zum Appell im Karree vor tausend Mann statt. Durch Megaphone sangen wir: »Rot ist meine Waffenfarbe, die so stolz ich trag'. Rot ist auch ein Kleid von dir, das so gern ich mag.« Man hätte es als Metapher nehmen können, wenn die roten Ränder unserer Schulterstücke nicht gewesen wären. Als Entschädigung fragte uns der Meister, ob wir nicht zum Offiziersvergnügen spielen könnten, die Gage würde uns aus dem Bierhahn gezapft. Mit drei Holzgitarren hätten wir den Offizieren nicht gefallen, also mußte Lutz noch mitmachen. Er war ein flinkes Akkordeon und kannte alle auf die einfachen Gemüter des Stabs der Raketentruppen zugeschnittenen Schnulzen ebenso wie »Kalinka, Kalinka, Kalinka moja«. Wenn Lutz Akkordeon spielte, waren alle weg. Er saß hinter dem großen Kasten, reichte gerade so mit dem Kinn darüber und funkelte mit den Augen. Ein Opa von ihm war Zigeuner gewesen. Papa Kay drosch am liebsten Samba auf drei Griffen, Nase bevorzugte den feinen Ton.

Die Offiziere hatten sich im Suff noch mehr verändert, als ich es von Zivilisten kannte. Man mußte genau hinsehen, wer sich gerade mit seiner abgehalfterten besseren Hälfte an der Kapelle vorbeischob. Oft trug das Weibchen Züge ihres Gatten während des Dienstes im Objekt. Die Zweigeschlechtlichkeit nahm ihren Lauf. Das knackvolle Casino kochte, als Lutz zum Russenhit ansetzte. Der Ranghöchste tanzte Kasatschok. Ich pfiff durch die Finger, bis mir die Wangenmuskeln brummten, Lutz brüllte den Refrain noch, als seine Stimme schon versagt hatte, Papa Kay hinkte Bier holen, und Nase tat so, als würde ihn alles nichts ange-

hen. Die Zweithöchsten griffen den Damen der Dritt-
höchsten unter den Rock. Wir soffen, bis die Leber ap-
plaudierte und ich, völlig überspannt, einer Frau hin-
terhergieren mußte, die unter den Soldaten Klatts
Fotze hieß. Sie konnte sich Gott sei Dank aus dem
Staub machen. Am Tag darauf schien die Sonne nicht
für mich.

Wo durfte die Songgruppe der NVA auf Einladung
hinfahren? Nach Krossen an die Pädagogische Fachschule, in eine Burg aus dem Mittelalter. Dort feierte
ein Singeklub mit zwölf Jungfrauen und einem blonden Jüngling »Politisches Burgkellerfest« – so mußte es
in der Einladung heißen, sonst wären wir nicht rausge-
kommen. Zwölf werdende Unterstufenlehrerinnen
und einer sangen als erstes »If I had a hammer«. Es
klang sehr romantisch im Gewölbe. Darauf sangen wir
»Burschen aus Mystrina«, ein kraftstrotzendes Werk,
und setzten, um Mitleid zu schinden, »Die Moorsoldaten« hintan. Nun ließen die Mädchen ihr Lied vom Vergessen erschallen, denn von dem Knaben war nichts
mehr zu hören. Unser plattdeutsches Liebeslied
konnte kommen …

All das sollte der Unteroffizier Felix Rückert doku-
mentieren. Zu diesem Zweck hatte ihn der Stab mit einem Fotoapparat ausgerüstet. Während der Sänger-
krieg zwischen uns tobte, tänzelte er durchs Gewölbe,
um die Freundschaft zwischen der Nationalen Volks-
armee und der Pädagogischen Fachschule aus verschiedenen Positionen im Bild festzuhalten. Er legte
sich mit dem Rücken auf den Boden und knipste eine
Flasche auf dem Tisch, lachte über seinen Einfall,
zuckte wie der Blitz einer Verkehrskontrolle hinterm

Stuhlbein hervor oder kniete vor der Gitarristin, die Linse dicht an ihrer Greifhand. Er stellte mit uns Gruppenfotos auf engste Entfernung, bis er sich auf dem Sofa kugelte, lachte und lachte und in die entstandene Stille hineinplatzte: »Die haben den Film vergessen.« Und nun muß man sich vorstellen, daß Lutz an dieser Stelle unseren Russenhit landete. Der Krieg war entschieden. Die Mädchen schenkten uns Blumen und alkoholische Getränke ein, zündeten Kerzen an, der Knabe legte langsame Musik auf. Sie machten es uns schön, das muß man schon sagen. Die muntere Birgit sank in meine Arme, des hinkenden Papa Kays, Nases und Lutz' Arme füllten sich auch. Nur Felix hielt den ganzen Abend die Kamera. Mit Birgit bin ich sogar über den mondhellen Burghof in eine Mauernische zum Küssen gegangen. Fast hätte ich ihr gesagt, daß ich sie liebe, doch wir mußten Mitternacht wieder drin sein.

Der hinkende Papa Kay wurde ein halbes Jahr nach mir entlassen. Eine Woche darauf traf ich ihn in Gera. Er hinkte immer noch. In der Öffentlichkeit hörte er erst nach vier Wochen langsam damit auf. Auf Simulieren stand Gefängnis. Nachdem das Verbrechen verjährt war, rief ich ihm über die Straße zu: »Soldat Frotscher!« Er brachte es noch genau wie damals, das Bein wie tot hinterherzuziehen, wodurch er selbst seinem Gesicht den alten Ausdruck wiedergab und sagte: »Ich mußt' es mir richtig abgewöhnen.«

Soldaten wurden in Waggons transportiert, die keine Viehwagen mehr waren und noch keine für den Menschen. Auf Transport passierte am meisten. Einem Gefreiten ist die Maschinenplanke beim Entladen ins Gesicht geklappt – vierzehn Tage vor der Entlassung. Die Schlote des Kraftwerks Vetschau sind seine Totenwächter.

Der Singsang Onkel Alfreds kündet von Verwirrung, dennoch sind Worte zu hören. Zwischen Ostern und Pfingsten fällt ihm plötzlich vor dem Fernseher ein, er habe gelesen, daß zuviel geklaut wird. Onkel Alfred schlägt vor: »Man müßte sie mit dem Kopf nach unten aufhängen.« Seine Vergreisung bricht sich häufig in einem Tatendrang, als ahne er, daß sein Blut die vielen Umwege nicht mehr lange fließen kann, als wolle er die Welt in Ordnung bringen, bevor er schläft, wie zu schlafen ihm nie vergönnt war, nicht zwischen Ostern und Pfingsten und auch nicht im Lazarett, wo die Maden sein Bein stürmten zur Zeit des Kameradendiebstahls.

Acht Spinde verstellen eine Wandseite, gegenüber stehen vier Doppelstockbetten. Acht traumgeschwellte Kameraden zwängen sich in die Marschausrüstungen, stehen auf dem ewig langen Flur. Ein schlechtgelaunter Kerl herrscht »Im Laufschritt!« und zieht das »i« in die Länge, ohne die Stimme zu senken. Die Männer winkeln ihre Arme nicht gleichzeitig an. Der Kerl brüllt: »Kommando zurück!« Die Männer lassen ihre Arme sinken. »Im Laufschritt!« Die Mannschaft zuckt wie Marionetten am selben Faden. »Marsch!«

Mehreres hatte mich gehorsam werden lassen. Ich zuckte nach den Worten eines Mauls und schnitt mir beim Rasieren in die Pickel. Die Machtstrophen werden von Generation zu Generation weitergebellt, begleitet von wachsenden Haarbergen, in denen Frisöre bis zu den Knöcheln stehen. Simson schlief, als man ihn schor. Er war dem Herrn direkt unterstellt und sah nur als Starker. Sonst wäre er zur Rache nicht fähiger gewesen als Schütze Arsch im letzten Glied. In der Männerwelt sind Schwänze Standarten. Weder der Fassonschnitt noch das derbe Tuch konnten mich gleichmachen. Dazu kommt mein angeödeter Renegatenblick, weswegen ich als überheblich gelte, der aber nichts anderes ist als ein Zeichen des Rückzugs ins innere Exil. Er bewahrte mich vor Spielchen, die Onkel Alfred mit seiner Eröffnung andeutete.

Rüffer war zu nervös, als daß ihn die Kameraden nicht zur Schildkröte gemacht hätten. Rüffer nahm man sich vor, schnürte ihm Stahlhelme an Ellbogen, Knie und Kopf und stieß ihn wie im Trickfilm über den steinernen Flur. »Na, Rüffer, wolln wir Schildkröte spielen?« Immer versuchte Rüffer sich rauszureden, obwohl er die schnellste Schildkröte aller Zeiten war. Im Dialog mit dem dicken Schlahsa erwies er sich als wahrer Apokalyptiker, wenn er mit trunkener Hellsicht beschwor: »Wird alles abgerissen, alles abgerissen.« Er muß seine Existenz zwischen den Kriegen verstanden haben, verfügbar für die Späße der Hierarchie, die auf der Dauer des Hierseins fußte.

Klatt war schon zehn Jahre hier, was er ursprünglich nicht vorhatte. Doch er legte in der Waffenkammer einen um. Man verzieh ihm unter der Bedingung, daß er bleibt. Breitmäulig befiehlt er hundert nackte Männer unter Rohre in den Kachelsaal mit gurgelnden Abflüssen. Klatt bellt »Rasieren!«, Klatt dreht den Hahn auf und zu.

Er mochte Winter und ließ ihn nicht zu seiner Frau fahren, obwohl sich Winter, Opfer eines Kameradendiebstahls, beim Harnstein-aus-der-Rinne-Kratzen redlich mühte. Winter besaß einen besonderen Kugelschreiber, der dem Auge Einblick in Frauenschöße gewährt. »Welches Schwein hat meinen Kugelschreiber geklaut!« Eisige Ruhe im Kameradenrund. Er prescht vor und reißt Rüffers Spind um. Man darf auf den Inhalt gespannt sein. Rüffer heult, Winter wühlt in den Utensilien eines Unglücklichen – Marschgepäck, Mützen, grobes Schuhwerk, ein Bär und eine Flasche »Urahn« mit beißendem braunen Juchei, eingewickelt in dreckige Wäsche. Da schlägt die Tür ein Loch in die Wand. Klatt! Einer brüllt: »Achtung!« Acht Kameraden erstarren die Hände an den Hosennähten. »Bringen Sie ihn mir.« Winter bringt ihn ihm. Klatt hat ausgesorgt für heute abend und zieht sich besänftigt zurück.

Rüffer starrt auf das Flaschenphantom – der letzte Fluchtweg ins Delirium verbaut. Er schmeißt sich auf das Bett und wimmert, bis süßer Duft den Raum erfüllt. Schlahsa, ein Mann mit Titten, erbarmt sich Rüffers, kocht mittels Draht in der Steckdose Tee, fingert aus dem Verborgenen einen flachen Kanister, den er voll achtundneunzigprozentigen Alkohols in einer Hautfalte herbeigeschmuggelt hatte, gießt den Rausch zum Tee, bringt Rüffer eine Blechtasse davon und fächelt ihm Duft zu. Rüffer ist gierig und verbrüht sich die Seele. Mit glühender Zunge stößt er »Zum Kotzen« hervor. Dies gilt als Fanfare für die Beschaffung des Stoffes aus Kalksäcken, Kohlenhaufen und stinkenden Löchern, die von der Ordnung gern übersehen werden. Es begann eine wüste Verbrüderung, deren ich nicht teilhaftig werden wollte, weil sich die Kameraden ab einem gewissen Pegel gegenseitig die Fürze anzündeten, die bare Liegeweise auf dem gynäkologischen Stuhl simulierend. Rüffer rettete sich vor den Stahlhelmen in die Alkoholvergiftung, Schlahsa fiel aus dem Fenster, und Winter wurde Arschkriecher bei Klatt, wofür er zu seiner Frau fahren durfte.

»Na, Winter? Du Arschkriecher.«

»Soll ich ewig Schütze Arsch im letzten Glied sein?«

»Nein, Winter, sollst du nicht.« Die Stimme des Herrn sprach aus mir. Zu Weihnachten war Winter weg – als Arschkriecher bei seiner schönen Frau.

Es wurde sehr kalt. Man konnte wirklich schlecht unter freiem Himmel übernachten. Als die Sirene sang, hatte niemand damit gerechnet, daß es abgeht in die Pampa, um die Woche mit Ernstfallübungen zu verbringen. Keiner dachte an die Decken, als man nur die Hand danach auszustrecken brauchte, und so begann das große Fluchen, die Kalaschnikowa im Arm und im Maul Kastagnetten.

Oh, elende Schweinehirne! Was für Sauereien brütet ihr Scheißer mit Befehlsgewalt bloß aus! Bin ich nicht genug gestraft, fern der Heimat, fern des Mädchens, das mir die warmen Lippen aufs Genick pressen würde und mich schlafen ließe, eine Viertelstunde in ihrem Haar. Klatt, der Eierschleifer, brüllt mich hoch. Heiß ist mir im Schritt. Du Hundesohn, laß mich in Ruhe. Der dicke Schlahsa geht für mich. Ich kann noch etwas nachhängen. In den Sonnenkegeln schubsen sich Kameraden um die besten Plätze. Rüffer aus Halberstadt steht halb im Schatten und zappelt noch nervöser als sonst.

»Winter hat es gut. Der sitzt im Bett vor dem Fernseher und läßt sich die Eier schaukeln.«

»Wohl wahr, Rüffer, wohl wahr.« Aber auch du wirst sitzen und sagen: »Das ist nie gewesen. Niemals wurde ich gedemütigt, nie habe ich jemanden tot gewünscht.«

Sechs Uhr. Ein Pfiff. »Nachtruhe beenden!« Jäh bricht das Sein aus der Nachtwachenkehle. Am lautesten brüllt Simson Rüffer, nachdem er seelenruhig mit Telefon Nachtwache gesessen hatte, um auf Rache zu sinnen.

Onkel Alfred hat ebenfalls, als er dabei war, das erste Mal telefoniert, auch mit achtzehn Jahren.

»Hallo?«

»Höre mit Füneff.«

»Gib mir einen Schluck aus der Tasse, Brüderchen.«

»Wie soll ich es anstellen. Ich wohne ein Stockwerk unter dir.«

»Du geiziges Rattenschwänzchen, ich komme mit Zigaretten herunter.«

Winter brachte nicht nur Zigaretten, sondern auch Fotos mit den Motiven seines Kugelschreibers, feinste Ware, die er mir für den Rest der Nacht überließ. Sechs Uhr. Ich trat in die Zimmer ein, ging an jedes Bett und hauchte: »Aufstehn, Alter, tut mir leid.« Was ich mit den Händen aufgebaut hatte, riß Klatt mit dem Arsch wieder ein. »'n Sackhalter!?« befragte er die angetretenen Kameraden, ob ihrer legeren Art, Gürtel zu tragen, und rüttelte an Winter herum.

»Klatt hat Blut an'n Händen.«

Großes Schweigen. Da ließ er marschieren, auf und ab – und hüpfen, hoch und nieder. »Ein Lied!« – »Spaniens Himmel breitet seine Sterne über unsern Muskelkater aus …« Oh, Einfalt der Ohnmächtigen. »Atomblitz von vorn!« Man wirft sich zu Boden. »Entwarnung!« Man steht wieder auf. Atomblitze von vorn, von hinten. »Ein Lied!«

»Wohin auch das Auge blicket, Moor und Heide nur ringsum

Vogelsang uns nicht erquicket, Eichen stehen kahl und krumm.

Wir sind die Moorsoldaten und ziehen mit dem Spaten ins Moor, Moor, Moor, Moor.« Das zweite und dritte »Moor« war jeweils auf einem Schritt einen Ton tiefer zu singen, das vierte nur einen halben. Rüffers Spezialität. »Ich hätte bis zur Vergasung weitergesungen.« Er verstand es, sich auf die Siegesseite zu lügen.

Winter benahm sich sonderbar. Nachts trank er viel, pißte in Rüffers Spind und wand sich unter der Decke. Seine Frau hatte es ihm im Besucherzimmer nicht machen wollen, als es draußen langsam dunkel wurde, die Gestalten verschwammen und die Finger in Schwüle eintauchen konnten. Es war Klatts Geheimnis, wann das Neonlicht die versunkenen Gesichter umbringen wird. Eine Stimme aus Halberstadt: »Die hat'n Neger zu Hause.« Eingepferchte pflegen den spröden Humor.

»Du kommst in die Suppe!«

»Ihr spinnt doch!«

»Was hast'n für komische Sachen an?«

In der Küche bei den Kakerlaken standen Kessel, groß genug für ausgewachsene Männer. Das Wasser war noch kalt, als die Kameraden einen nackt hineinwarfen, den Deckel verschraubten und anheizten.

Es wurde Frühling. Klatt vergaß nicht so schnell. Rüffer dozierte darüber, was einer schönen Frau im Frühling alles passieren kann, und lieh sich zur Beflügelung seiner Phantasie ein Buch über Brunft aus der Bibliothek. »Vielleicht hat sie einen besseren Hengst gefunden.« Warum ist nicht die Tür aufgegangen, sie wäre hereingekommen, um sich von Winter nehmen zu lassen, und mit einem »o« auf den Lippen hinausgewankt. Er hätte vor Rüffer ein für allemal Ruhe gehabt.

Tage zählen, die andere Zeit erwarten, wo man weg von den Schnauzen, raus aus den Tarnfarben, dem Männergestank, durch das Tor ziehen kann. Nach reichlich einem Jahr dabei begann die Beschneidung des Bandmaßes. Einhundertfünfzig Abende wurden damit gekrönt, den nie gewesenen Zentimeter unter der Tür in Klatts Dauersitz zu schieben. Dann rollte man den schrumpfenden Zeitwurm aus und schwenkte ihn vor den Augen der Zeitschweine, die noch Tage wie Meter zur Sonne hatten. »Dafür war ich noch draußen, als du schon drin warst.« Immer wieder verwiesen sie darauf, doch unter den Toten zählt nur die Wiedergeburt.

Zufällig machten sich die Insekten an mir zu schaffen, Sackratten genannt, was mit etwas Glück Quarantäne bedeuten konnte – drei Tage von Stumpfsinn, zwei Nächte von Schlahsas kehligem Schnarchen befreit in einem weißen Zimmer. Mit etwas Glück hätte ich vom Bett aus zusehen können, wie die Kameraden ihre Körperertüchtigungen furzend absolvieren, und mich noch mal herumgedreht, bis den Tierchen der Appetit vergeht. Ich kam leider zu spät. Der Quarantäneplatz war schon vergeben. Man puderte, je weniger Tage, um so akribischer. Keiner wollte die Ratten mit nach draußen nehmen. Dorthin gelangten Schlahsas bemalte Holzbrettchen und Kochlöffel. Er hielt das Zeug abends hoch und rief durch die Nase: »Sieht doch gut aus!« – »Hau weg den Scheiß!« Schlahsa gewöhnte sich an Winters Gemeinheit, ohne sich zu revanchieren, wenn dieser den Blick auf seine eigene Produktion freigab: eine Mühle aus abgebrannten Streichhölzern, vier Lampenschirme aus Wäscheklammern. Die Mühlenflügel kreisten, wenn Winter stolz an einer Drahtkurbel drehte.

»Darüber wird sich deine Frau aber freuen!« Scheinheilig beäugt Rüffer das Exponat. »Brennt gut.«

Winter greift einen Hocker und haut ihn Rüffer in die Knochen. Der versucht, die Mühle vom Tisch zu wischen, aber Winter hält ihm mittlerweile einen Feldspaten entgegen. »Wenn du das machst, bring' ich dich um.« Bald steht die Aug in Aug verteidigte Mühle auf dem Regal neben dem Fernseher gegenüber dem Bett, und die Lampenschirme hängen an den Klowänden der Verwandten. Rüffer, oft geschunden, versteht, worum es geht: »Ich hab' nur Spaß gemacht.« Am dreißigsten Zentimeter vergaß Klatt. Winter durfte nach Hause fahren, Zivilsachen holen. Er kam wieder und wurde krank. Man munkelte: »Zuviel gefickt.«

Als besondere Folter für Tagetürme galt die Nachahmung eines Zivilisten. Das Spiel konnte beginnen, wenn die Luft rein war. Man entnahm dem Spind eine große Papiertüte und zog die entsprechende Garderobe hervor. Schlahsa steckte in einer braunen Lederhose. Über den Bauch spannte ein rotes, goldgemustertes Hemd. »Normalerweise trage ich Bart.« Man saß auf dem Gitterbettrand, trank und wartete

»Wenn ich draußen bin«, schwärmt Rüffer, »werde ich zentnerschwere Weiber stemmen.« – »Du wirst es versuchen«, sagt Schlahsa. Beide spielten mit ihren handspannenlangen Maßen.

Man konnte sich den anderen in der Zeit danach schwer vorstellen. Schlahsa war jetzt schon kaum zu erkennen. Er wirkte wie eine fette Schaufensterpuppe: »Ich werde es auch versuchen.«

»Wenn du es nicht schaffst, schafft es niemand«, prustet Rüffer.

Schlahsa legt sich lang und spricht: »Du bist ein Stinktier, Rüffer.«

Als Rüffer gerade kontern wollte, schlich Winter herein. »Ich muß mal Licht anmachen.« Er sah die Zivilisten, zog die Augenbrauen hoch und deutete zur offenen Tür, hinter der Klatts Kopf erschien. Rüffer sprang auf, die rechte Hand zur Faust geballt, Schlahsa blieb liegen.

»Gefreiter Schlahsa!« Klatt brüllte wie am Spieß.

»Leck mich doch am Arsch«, bekam er zur Antwort.

Rüffer mußte die Hand öffnen, das Maß abgeben, die bunten gegen die grauen Stoffe tauschen und Harnstein aus der Rinne kratzen. Schlahsa hingegen, der Verweigerer, kam in Arrest, durfte danach sieben Zentimeter abschneiden und trug abends würdig sein Braunrotgold.

Winter hatte seine Tüte mitgenommen. »Ich soll in ein anderes Krankenhaus«, sagte er nur und warf den Spindinhalt in einen Sack, den er an die Wand gelehnt

stehenließ. Rüffer mußte ihn auf die Station hinterher-
tragen.

Winter starb zwei Monate nach seiner Verlegung in
ein ziviles Krankenhaus an Magenkrebs.

Von Rüffer und Schlahsa habe ich nichts mehr
gehört.

Ohne Tante Lotte wäre Onkel Alfred niemals zu derlei Ausprägung seiner Eigenarten fähig gewesen. Sie herrschte nicht in ihrer winzigen Wohnung. Bei ihr durfte man die Schuhe anlassen, obwohl sie seine Nächte im Halbschlaf verbringen mußte. Konnte der Onkel nicht aufstehen, wickelte sie ihm das Bein. Am Nachmittag sagte er schroff: »Los, hol mir die Kaffeesahne.« Sie sah ihn zermürbt und dachte: Ach, der alte Kerl.

Onkel Alfred zeigt die Faust. Das Haus, wo er seit vier Jahrzehnten parterre wohnt, ist zur Baustelle eines Besitzers geworden. Früher gehörte es der Stadt, aber die Stadt war niemand, nur ein Nest, das stinkt. Es herrschte Ruhe, wenn er aus der stampfenden Gerberei nach Hause kam.

An Tante Lottes siebzigsten Geburtstag fing der neue Besitzer zu hämmern an. »Du dachtest, der steht neb'm Tische.« Da drehte der Onkel, wie er später selber sagte, durch, rannte hochrot zur Tür und brüllte: »Das geht alles von meinem Leben ab, ich hol' die Axt! Dem schlag ich den Schädel ein.«

Tante Lotte beeindruckt: »Der hätt's gemacht, wenn ich ihn nicht zurückgehalten hätte!«

Während der Sommernächte konnte man das Schlafzimmerfenster im Plattenbau der Dr.-Rudolf-Breit-
scheid-Straße wegen der Qui nicht geöffnet lassen.
»Qui« stand als Abkürzung für Quisisana, die einzige
Nachtbar Geras, der Stall der meckernden Ziegen und
protzigen Böcke. Zwar wurde die Gaststättenleitung
extra dazu aufgefordert, die Fenster des Lokals
während der Tanzrunden geschlossen zu halten, allein
die bulgarischen Kapellen hielten sich nicht daran. In
ihrer Ecke standen alle Klappen offen – daraus wehte
der Schnulzenbrei hinauf zu den Ohren der Schlafge-
willten in windgeregelter Lautstärke. Die blechernen
Echos, nur vom Donnern der Autos übertönt, lagen
als Last auf den Träumen. »Die Qui war letzte Nacht
wieder so laut«, ein Satz, der die Jahre der Eltern durch-
zog.

Im Glauben an den guten Menschen, der unhaltba-
ren Zuständen die Stirn bietet, nahm ich einen Zettel,
um eine Eingabe an den Ersten Sekretär der SED-Be-
zirksleitung Gera zu formulieren, die etwa besagte, daß
Werktätige schnöde um ihren Erholungsschlaf beschissen werden. Dann ging ich von Stockwerk zu
Stockwerk, von Wohnungstür zu Wohnungstür und
sammelte Unterschriften. Im Haus wohnten viele Genossen. Diese wußten, daß es den Bürgern verboten ist,
sich kollektiv bei der Obrigkeit zu beschweren. Dem-
entsprechend zeigten sie sich sehr kurz an den Woh-

nungstüren. Kaum hatte ich das Anliegen vorgebracht, schlossen sie die Tür – ihre angstgeweiteten, empörten, hündischen Augen blieben, nachdem das Schloß schon zugefallen war, für Sekundenbruchteile im Türschlitz stehn.

Obwohl es nur wenige Unterschriften waren, die ich schließlich übersenden konnte, läßt sich die Gleichgültigkeit des Ersten Sekretärs gegenüber dem Anliegen der Unterzeichner nicht mit dem Statut der Partei in Einklang bringen. Er reagierte gar nicht. Dadurch wurde ich gezwungen, zu anderen Mitteln zu greifen, beziehungsweise hatte, nach zwei Stunden vergeblicher Mühe einzuschlafen, keine andere Möglichkeit, als wieder aufzustehn. Die Kapelle spielte: »Einmal um die ganze Welt und die Taschen voller Geld«. Ich zog mich an und verließ die Wohnung, ohne übermäßig leise sein zu müssen, da das Orchester grad zum Tusch ansetzte. Ich fuhr mit dem Fahrstuhl hinunter, verließ den Hausflur und ging über die Straße zur Qui. Der Laden war abgeschlossen. Nach zehn Minuten wurde die Tür geöffnet, jemand fiel mir in die Arme und lallte »äähhj«. Man hörte noch einen Fetzen schäbigen Lachens aus dem Höhleninnern, dann schloß sich der Sesam wieder, ohne daß ich zu Wort gekommen wäre. Ich legte die Leiche am Bordstein ab, überlegte, soweit man in Wut dazu fähig ist, und ging unauffällig zur übernächsten Telefonzelle. Dort knöpfte ich mein Hemd auf, um es zweilagig über die Sprechmuschel zu falten, wählte den Polizeinotruf, sagte ganz ruhig: »In der Qui liegt eine Zweikilobombe. Sie haben eine halbe Stunde Zeit«, legte den Hörer wieder auf und ging auf schnellstem Wege zurück ins Bett. Die halbe Stunde verging, eine Stunde verging – außer weiteren Wiederholungen des Werkes von Karel Gott tat sich nichts. Offenbar sollte sich das Problem von selbst lösen.

Hätte Mutter nicht zu sparen verstanden, wären aus zwei Rädern niemals vier geworden. Doch so stand eines Abends, als ich schon siebzehn Jahre alt war, anstatt der Karre ein Trabant vor dem Haus. Vater hatte nicht mehr viel für die Karre bekommen. Dafür mußte er um so mehr für die gebrauchte Limousine hinlegen. Für größere Anschaffungen holte er bei Mutter erst das Jawort ein. Der Trabbi war die größte und notwendigste nach dem Umzug in die Bezirkshauptstadt, denn der Garten blieb in Weida.

»Warum seid ihr denn überhaupt nach Gera gezogen«, wollte ich von Mutter wissen, »Weida ist doch viel schöner und nicht so laut.« Sie antwortete: »Die haben Vati übern Betrieb drei Wohnungen angeboten. Die ersten beiden waren nichts, und bei der dritten hat er gesagt: ›Wenn ich die auch noch ablehne, denken sie, ich bin übergeschnappt. Im zehnten Stock im Zentrum der Bezirkshauptstadt – mit Fernheizung!‹«

Zuerst ließ sich Vater von seiner Westschwester zwei Büchsen Westlack schicken. Der Trabbi sah aus wie neu, cremefarben, ein Ton, den es im Osten nicht gab. Für die alte Karre hatte Vater keinen Enthusiasmus mehr aufbringen können – nun wienerte er wieder, bevor er mit Mutter einen Sonntagsausflug zur Leuchtenburg unternahm. Die Straße dorthin führte durch Wälder und Bergeshöhen. An seiner Lieblingsstelle hielt Vater an, stieg aus, reckte sich und brachte das Echo zum Jodeln.

Seit der Erfindung des Trabbis kursierten Trabbi-
witze, die das Auto in Mißkredit bringen sollten. Vaters
Humor konnten sie nicht treffen. Er ließ sich eine Zwei-
klanghupe aus dem Westen schicken und kaufte Teile
aus Chrom, durch die er die unverchromten ersetzte –
die Lampenringe, den Spiegel, die Radkappen und
Stoßstangen. Ich hörte nur einmal einen Trabbiwitz
aus seinem Mund. Er stieg mit Thrombose ins Auto
und stöhnte: »Ist doch 'ne moderne Gehhilfe.«

Mit dem Trabbi konnte man, egal bei welchem Wetter, schnell noch da und dorthin huschen. »Mal hinhu-
schen«, sagte man nun nach dem Kaffeetrinken zu
Hause, während man früher zu Besuch gegangen ist
und extra vor dem Kaffeetrinken dort ankam. »Der
Kaffee schmeckt zu Hause am besten«, ermunterte Vater seine Frau am Filter. Tante Lottes scherzhafter
Spruch: »Kommt nach dem Kaffeetrinken, da seid ihr
zum Abendbrot wieder zu Hause« wurde Wirklichkeit.

Das erste Auto meiner Kindheit trug den Namen F 8
und gehörte Seidemanns, Fremden aus der Stadt mit
Garten auf dem Schreberberg. Der F 8, eine Holzkiste
auf vier Rädern, stand am Wochenende auf dem Wie-
senstück gegenüber unserer Wohnung in der Mozartstraße. Seidemanns fuhren manchmal weg und kamen
kurz danach zurück, fuhren wieder weg und so weiter.
Ich grüßte sie zurückhaltender als Frau Hase oder Frau
Hahn.

Vater hatte über die Jahre eine Identitätswandlung
vom Bergmann zum Berufskraftfahrer durchgemacht.
Er schaltete sich gedanklich in die Prozesse der Ver-
kehrsregelung ein. Im hohlen Hof des Häuserblocks in
der Dr.-Rudolf-Breitscheid-Straße sind die Autos der

Mietermassen auf zweimal zwei Reihen abgestellt. Zur Legitimierung dieses Unterfangens liegt in jedem Auto eine Urkunde – genannt Parkkarte. Bei seinen Rundgängen ärgerte sich Vater: Autos ohne Parkkarte blockierten die begehrten Plätze in den zweiten Reihen. Er kam hoch und schimpfte: »Dem würd' ich Dampf machen, wenn ich was zu sagen hätte.« Zwar war er Mitglied des Verkehrssicherheitsaktivs, doch kein Polizeihelfer.

Vater brachte mir bei, am Berg anzufahren. Mittlerweile hatte ich einige Jahre ziemlich gut verdient und ebenfalls einen gebrauchten Trabbi angeschafft – ein mieses Angebot, aber das Geld drängte. Als Autobesitzer konnte ich außerdem gleich die Fahrschule machen. Sonst hätte ich mich gedulden müssen – der Handel mit Anmeldungsjahrgängen war beliebt. Vater fuhr mich mit meinem Trabbi auf einem Feldweg in eine unbefahrene Zone, deren Geländevoraussetzungen das Üben des Anfahrens am Berge begünstigten. Ich setzte mich auf den Platz, der mir früher für alle Zeiten als Vaters Platz bestimmt gewesen war, und fuhr eine Stunde auf schiefer Ebene in engstem Radius um eine Birke herum, hielt an, fuhr an, hielt an, fuhr an. Vater erklärte es mir die ersten zehn Minuten. Als ich es gefressen hatte, befahl er nur noch: »Stoppo!« Jedesmal vor der Steigung kam dieses »Stoppo«, Dutzende Male – oder »Stoppo, Stoppo!« Ich bat ihn, mit dem »Stoppo« aufzuhören. Entweder sprach ich zu umständlich oder zu leise. Er hörte nicht damit auf. Ich war so in Braßt, daß die Scheiben beschlugen und ich den Trabbi verrecken ließ. Als ich das Auto zum erstenmal auf einer Landstraße bediente und mir das erste Auto entgegenkam, kam ich mir so breit vor, daß ich bremsen mußte. Vater fragte: »Warum machst'n Stoppo?«

Nach weiteren guten Verdienstmöglichkeiten konnte ich mir ein besseres Auto leisten. Das Geschäft wurde mit einem von Vaters Arbeitskollegen auf dem Schacht abgewickelt. Er überließ mir seinen fünf Jahre alten Lada für zweiundzwanzigtausend Mark. Ich fragte Vater: »Willst du mal fahren?« Er schwieg, stieg ein, fuhr eine staubige Runde und hielt neben mir wieder an. Das Fenster war heruntergekurbelt. Er sagte wie zu sich selbst: »Is nischt.« Die Betonung lag auf der zweiten Silbe. Er ging zu seinem Trabbi, es war schon der zweite, und fuhr mir nach Hause voran. Ich folgte ihm in gebührendem Abstand.

Wenn Vater zwischen Alkohol und Trabbi wählen konnte, mied er meistens den Alkohol. Zum Kameradschaftsabend mied er ihn nicht. Deshalb holte ich die Eltern mit dem Lada aus Glauchau ab. Obwohl die Behörden allgemeine Gurtpflicht erlassen hatten, brauchte sich Vater wegen seiner Lunge nicht anzuschnallen. In seinen Führerschein war die Erlaubnis offiziell beglaubigt eingetragen. Vater, auf dem Beifahrersitz, bekam plötzlich schlechte Laune und schnauzte: »Schnall dich mal an.« Dann wollte er mir vorschreiben, welchen Gang ich zu benutzen hätte. Ich fragte ihn: »Fahre ich oder du.«

Als der Cremefarbene den Besitzer wechselte, hat Mutter geweint. Bestimmte Chromteile hielt Vater zurück und fügte sie dem zweiten bei. Der zweite war ein neuer. Mutter mußte ihn verkaufen, nachdem ihr Mann und Fahrer den weitesten Weg gegangen war. Sie dachte lange darüber nach und fand, daß sie für die

Fahrschule nicht mehr tauge. »Ich bin doch zu alt dafür«, sagte sie und vergaß nicht, die Nachteile aufzuzählen, wie zum Beispiel diesen, jeden Tropfen Kaffeesahne aus der Geraer Wohnung mit dem Bus nach Weida in den Garten transportieren zu müssen.

»Ach, Irmi, hätt' ich dich doch nicht nach Gera verpflanzt«, hieß einer von Vaters letzten Sätzen. Er wußte, daß er einen Stein in Weida bewohnen wird.

Meistens komme ich spätnachts aus einer anderen Stadt, wenn ich Mutter im zehnten Stock besuche. Sie schläft nicht, sondern öffnet die Tür in dem Moment, wo ich den Schlüssel gerade ins Loch stecken will. Wenn es sehr spät geworden ist, sagt sie: »Du kommst aber spät.« Bevor ich sie umarmen kann, reicht sie mir einen in Folie geschweißten Schein: »Du mußt noch die Parkkarte runterschaffen.«

Wo sich die Stadt zusammenballte, um das erste Hochhaus in den Himmel zu pressen, einen grauen Riesen mit großer runder Neonuhr, an der die Zeit auf ihre häßlichste Weise verging, kam es im Jahre fünfundachtzig zu einer der merkwürdigsten Begegnungen der Geschichte.

Hubert, Mutter und ich gingen gemeinsam zum Standesamt Gera, um den Totenschein für Vater ausstellen zu lassen. Natürlich hatten wir Mutter nicht allein die schweren Wege gehen lassen. Hubert war firm in Amtsgängen. Er sprach die Sätze, die man zu sprechen hatte. Mutter sagte immer nur: »Mein Mann ist gestorben.« Amtsdamen hüpften von Amtsstube zu Amtsstube. Zwar hatten sie versucht, ihre Garderobe den anderen Umständen anzupassen, doch konnte man ihren Mienen ablesen, daß sie nicht wissen wollten, wie es in Mutter aussieht. Ich stand herum und versuchte, sie abzulenken. Nachdem wir den Totenschein in ihrer Handtasche hatten, hieß unser neues Ziel »Sparkasse«. Wir waren zehn Minuten zu früh da und standen vor den wippenden Türen zum Vorraum der Schalterhalle.

»Kennst du ihn«, fragte ich Mutter.

»Ich habe ihn mal in Teichwitz gesehen«, sagte sie und hielt Ausschau. Wir warteten auf Bernd, Vaters Sohn aus erster Ehe, um ihm sein Erbe auszuzahlen. Ohne daß Zweifel über Bernds Anteil bestanden hätten, erschienen wir mir, als ich neben uns stand, wie drei Raben aus dem Kontor. Daß ich den Halbbruder das erste und einzige Mal wegen des Geldes treffen sollte, war peinlich. Wir erkannten ihn, als er über die Straße auf uns zukam.

Irgendwann während meiner Kindheit hingen Worte davon in der Luft, daß Vater im Laufe der Scheidung von seiner ersten Frau die Vaterschaft in Frage gestellt hatte und daß dies zu seinem Nachteil ausfallen mußte. Vater wird sich für ihr Fremdgehn gerächt haben wollen. Später wollte er von seinem ersten Sohn nichts wissen. Bernd war ein Jahr alt, da kam Hubert.

Niemand, der Vater in Erinnerung hat, würde jemals daran zweifeln, daß Bernd Vaters Sohn ist. »Der zweite Vater«, hätte ich gerufen, wenn die Situation nicht so angespannt gewesen wäre. Wo andere Menschen eine Nasenspitze haben, trug er den typischen gespaltenen Höcker – die Kulpe der Teichwitzer Oma, geborene Budel. In Vaters gedrungener Körperhaltung stand er vor uns: »Ich bin Bernd.«

»Hubert.«

»Stephan.«

Wir gaben uns die Hand, und Mutter erklärte nach kurzer Betretenheit, daß jetzt das Konto aufzulösen sei. Bernd fragte, ob er mit hineingehen müsse. Soweit ich mich erinnere, gingen wir ohne ihn die Formalitäten erledigen. Mutter gab ihm das Geld, was ihm zustand. Oder hat er es gar nicht genommen? Genau erinnert sich Mutter an seinen Satz: »Ich hätte gern was Persönliches vom Vater.«

Neulich fragte ich sie am Telefon, wie Vaters erster Sohn heißt. Ich hatte seinen Namen nach elf Jahren schon vergessen und suchte im Gedächtnis nach einem zweisilbigen. Sie sagte nur widerwillig »Bernd«, weil sie ahnte, daß ich darüber schreiben könnte: »Ich denke, du schreibst über deine Kindheit. Was hat denn der Bernd damit zu tun?«

Insgeheim macht sich Mutter Vorwürfe, weil sie Bernd Vaters Armbanduhr nicht gegeben hat. Als Entschuldigung bringt sie vor: »Ich hab' doch in dem Moment nicht an die Uhr gedacht.«

Mutter bietet ihrer peinigenden Einsamkeit die Stirn. Sie hat zu tun wie der Leipziger Rat. Wer kann ermessen, wie lang die Gardinenfront im Wohnzimmer wirklich ist? »Nach fünf Stunden hab' ich sie wieder oben gehabt.« Dazu gehört, den begrünten Raumteiler von der Couch zu schrauben, alles in Zimmermitte zu bugsieren, Dutzende Male die Leiter hoch- und runterzuklettern, den eingedreckten Stoff von der Leiste zu knipsen und zu waschen, die Gardinen feucht wieder aufzuhängen, wodurch sie noch schwerer sind, wieder Möbel rücken – weiß und fertig.

Dabei gönnt sie sich nicht mehr als zwei Tassen Kaffee pro Tag, während Vater noch seine Zigaretten hatte und zwei Flaschen Bier am Abend.

Seit seinem Tod ist die Wohnung von innen verriegelt. »Ich gehe doch nicht ohne Einladung irgendwohin.« Und so fährt sie die zehn Etagen hinunter, geht nur bis zum Färberturm.

Alle fünf Jahre wird die Linde am Familiengrab bis auf den Stamm beschnitten. Weil es dann keine Blätter vom Geviert zu klauben gibt, fällt das Gespräch mit Vater kürzer aus. »Ich frag' ihn manchmal, wie ich's machen soll«, sagt sie und stellt einen Strauß später Rosen in die rechte hintere Ecke.

Einmal sah sie die Böbern, eine frühere Postkollegin, in Weida auf der anderen Straßenseite. Mutter winkte der Böbern über die Straße zu, rief deren Vornamen und dachte, die Böbern würde zurückrufen. Die rief auch, doch nicht hinüber zu Mutter, sondern zu einem herbeifahrenden Automobil, welches neben der Böbern hielt. Die stieg ein und fuhr weg. Mutter sagte: »Es ist schlimm, wenn du nicht mehr gerufen wirst.«

Damit sich der Weidsche Karl zweier namhafter Fabelwesen des Weidatals öffentlich erinnern konnte, mußte Petz, der Höhlenmensch, Ende des Jahres neunzehnhundertfünfundneunzig einen runden Tisch im »Seeblick« bestellen. Die Hälfte der zehn Anwesenden waren gebürtige Weidaer, drei der gleiche Jahrgang, Petz, Karl und ich. Bier floß und Calvados. Man tauschte die Plätze und plapperte. Ich hatte meine Geschichten dabei und reichte das Blatt mit der abgesägten Kastanie über den Berliner Kneipentisch zu Petz. Er las ihn und sah in gewisser Weise selig aus: die Mundwinkel hochgezogen, wodurch die Wangen automatisch mit nach oben gingen, den Kopf gebeugt, versunken in der Gegend seiner Kindheit. Er hielt den Gesichtsausdruck bis zum Schluß durch, so daß ich fragte: »Und?« – »Zeig mal Katrin* die Geschichte über mich.« Während der ganzen Zeit, die sie für die drei Seiten brauchte, saß er in seiner seligen Haltung, kurz vor dem Lachanfall.

Nun bat ich Karl: »Lies mal zwei kurze über einen, den du kennst«. – »Ich geh' erst mal pissen.« Karl drängte sich aus der Ecke an den beiden anderen Weidaern, einem Ehepaar, vorbei. »Das geht schnell.« Kaum hatte Petz den Satz gesagt, stand Karl schon wieder am Tisch und sagte mit der Selbstverständlich-

---

* Petzens Frau (Anm. d. A.)

keit eines dänischen Feuerwehrmannes: »Ich hab' 'n C-Schlauch.«

Er las die beiden Geschichten über Schnecke. Bevor Schnecke den höheren Bildungsweg eingeschlagen hatte, gingen beide acht Jahre in dieselbe Klasse. Der Ehemann kiebitzte. An der Stelle, wo Väterchen zuschlägt, rief er verhalten: »Starker Tobak«, und Karl brüllte: »Warum hat er 'n das gemacht!« Die Bedienung brachte neues Bier.

Karl erzählte: »Weida hatte auch einen Regenpfeifer. Der Regenpfeifer hat im Sand gewohnt. Ja! Der ist durch die Altstadt gezogen und hat auf der Trillerpfeife geblasen. Zehn Minuten später begann es zu regnen.« – »Wirklich?« – »Ja. Mit der Trillerpfeife und mit dem Akkordeon. Und kennt ihr noch Ziegenfick?« Weder an den Regenpfeifer noch an Ziegenfick konnten wir uns erinnern. Karl hatte in Weida als einziger von uns in der Altstadt gewohnt, direkt im Haus der Einheit, wo Menschenmassen ein und aus gingen. Gleich auf dem Platz daneben war der Rummel mit seinen fünf Buden einschließlich der Luftschaukel ohne Überschlag. Ein ideales Biotop für den Regenpfeifer. »Wenn der Regenpfeifer Akkordeon gespielt hat, haben ihm die Leute Münzen zugeworfen. Zum Ersten Mai war doch immer Demo …« Karl gebrauchte ein unweidsches Wort. »Wir kamen mit der Schule und den Lederwerken aus der Altstadt und haben uns mit den Russen auf dem Markt vereinigt.« Hier hob Karl betonend den Zeigefinger: »Vereinigt! Während der Rede vom Bürgermeister kam der Regenpfeifer mit Teufelsgeige aus der anderen Richtung. Rums-ta-ta, rums-ta-ta!« – »Was hat er angehabt?« – »Was ihm die Leute so gegeben haben.«

Und Karl wiederholte: »Zehn Minuten später begann es zu regnen.«

Der Schweriner Tom rief dazwischen: »Ein eigener Menschenschlag!« – »Wie meinst'n das?« wollte ein Weidaer wissen. Nun erzählte Tom, daß er mal in Weida gewesen wäre und sich in eine Kneipe gesetzt hätte. »Die haben mir ein Bier nach dem anderen ausgegeben.« Er habe damals noch seinen roten Rauschebart getragen und den Wirt nach der Bedeutung der netten Gesten befragt. Der soll gesagt haben, daß es in Weida einen Bettler gäbe, von dem man wüßte, daß er einen roten Rauschebart trüge. »Die haben gedacht, ich bin der Bettler.«

Ich schlug Tom auf den Schenkel, Petz klatschte ihm auf den Hinterkopf. Wir stießen auf ihn an und lachten über die Verständigkeit eines anderen Menschenschlags. Karl ergriff wieder das Wort und gab bekannt, daß er seinen ersten Verkehr in Kraftsdorf hatte. Bevor die Woge umschlagen würde, fragte ich ihn nach Ziegenfick. – »Na der Ziegenfick eben, der Regenpfeifer und der Ziegenfick. Die waren verschüttet gewesen.«

Die flammende Kastanie an der Ecke Karl-Marx-Straße/Bahnhofstraße ist abgesägt, der Schutt zugeschüttet, das Sommerbad dichtgemacht, die Friedhofstraße geteert, das Wäldchen abgehackt, die Hängebrücke gekappt. Das Viadukt ist ein Industriedenkmal, die Pestkanzel ein Kulturdenkmal, die Schwedeneiche ein Naturdenkmal. Milchgretels Eckgeschäft ist geschlossen. Als hätte man einem Frisierkopf die Weihnachtsmannlarve abgenommen – die Tür und das Schaufenster sind zugemauert und verputzt. Bräus Wärterhäuschen ist vernagelt.

Direkt vor den Hinterhausgärten der Mozartstaße haben sie eine Fernverkehrsstraße hingeklatscht. Dort klingt es jetzt wie auf den anderen Bergen, wo heruntergeschaltet wird und wo im Tal der Diesel dümpelt. Die Namen ferner Städte stehen in größeren Buchstaben auf den Hinweisschildern der Straße, als »Weida« auf dem Ortseingangsschild.

Warst du schon mal da? – Ich bin mal durchgefahren.

Wenn ich Gas gebe, schaffe ich den Schreberberg in einer halben Minute – dann darf ich nicht nach links oder nach rechts sehen. Es ist wie im Fahrsimulator – außerirdisch.

Stephan Krawczyk

MILONGA

15 Lieder
Gesang, Bandoneon, Gitarre, Kompositionen: Stephan Krawczyk
Texte: Jorge Luis Borges, René Char, Daniil Charms, John Donne, Sergej Jessenin, Stephan Krawczyk, Ossip Mandelstam, Ernst Toller, César Vallejo, Franz Werfel

Eigene Texte und solche von Dichtern, die im »Jahrhundert der Wölfe« lebten und litten, Lieder, deren »Wärme für drei Winter« reicht, hat Stephan Krawczyk vertont. Zeilen der Liebe, des Schmerzes, der Verlorenheit, aber auch der Hoffnung: »Erhebe dich in deinen Kopf, damit du aufrecht gehst.« Krawczyks Botschaften, sehnsuchtsvoll oder in expressiver Schroffheit vorgetragen, vertrauen dem uralten Weg des Gedichts, das sich anschmiegt an den Klang der Musik. Dem geheimnisvollen Strom zeitloser Poesie.

Die CD kann über
STOKINGER art production
Postfach 41 13 04, 12123 Berlin, bezogen werden

Die Deutsche Bibliothek – CIP-Einheitsaufnahme

Krawczyk, Stephan :
Das irdische Kind : Roman / Stephan Krawczyk. – Berlin :
Verl. Volk und Welt, 1996
ISBN 3-353-01062-9

3. Auflage
Copyright © 1996 by Verlag Volk und Welt GmbH, Berlin.
Alle Rechte der Verbreitung, auch durch Film, Funk und
Fernsehen, fotomechanische Wiedergabe, Ton- und Bildträger
jeder Art, auszugsweisen Nachdruck oder Einspeicherung und
Rückgewinnung in Datenverarbeitungsanlagen aller Art, sind
vorbehalten.
Lektorat: Dietrich Simon
Schutzumschlag-/Einbandgestaltung: Lothar Reher
Gesetzt aus der Palatino, Linotype
Satz: deutsch-türkischer fotosatz, Berlin
Druck und Bindearbeiten: Wiener Verlag
Printed in Austria
ISBN 3-353-01062-9